実例と成功気学の効用

人生を左右する実践哲学・気学とは

Awesome effects The Kigaku
that creates a successful life and its example.

心理学博士・健康科学博士
星風アカデミー主宰
村田昌謙

Shouken Murata

はじめに

パリのモード界の帝王、カール・ラガフェルド（85歳）逝去のニュースが流れている最中、この原稿の本文とあとがきを終えた。

フランス・フィガロ紙の一面の、帝王の写真入りの記事を見ながら、これほど世界で騒がれ、注目されたとしても時間とともに、どんな業績があろうとも、やがて風化していくのか……。

高層階のテラスに立つ、カール・ラガフェルドの細見の全身像の背景に映る、ヴァンドーム広場とオペリスクがある写真は、それ自体がひとつの美の象徴であろう。名だたる写真家の作品にちがいない。望遠効果を活かしたモダニズムが効いて、いかにもモード界の帝王にふさわしい。

死は「無」一白の先天二黒の象意。パリは西、今年は一白がまわっている。一白の先天まで届くと二黒になり「無」。そして「無」から有が生じて、先天の二黒が反転して九紫となる。即ち、栄誉・名声・華美となり、造形の「美」の象徴だ。その美は、しかしまたやがて風化して無となる。

かくして循環する宇宙の哲理は、寸分の狂いなく脈動を続ける。それをどこの誰が占いに閉じ込めたのであろうか。


さて、本書を一瞬でも手にとり、パラパラめくっていただき、それだけでも感謝にたえない。本書は技術書ではないが、気学に少しでも関心をもち、またはすでに学んでおられる方のために、正しく深く気の世界に立ち入ることの価値と力強いモチベーションになれば、との願いでペンを執った。

個人情報・プライバシーの厳しさから、第三者の豊富な失敗の実例はあるものの、いきおい自伝的要素が色濃く出たのは、そうした配慮からだ。ご理解とお許しをいただきたい。

成功気学を実践している途中、筆者もそうであったが、自信を失ったり疑心暗鬼にかられるだろう。そういうときに、本書をパラパラめくってほしい。きっとレジリエンスの一助となるはずである。

初めての方には、予備知識がないため戸惑う面もあろうが、大意をつかんでいただければば十分である。次第に全容がつかめるようになっている。
それでも、非常に簡単に、最小限の用語の解説だけをしておこう。

尅気と祐気（こっきとゆうき）／害になり傷つける気が前者。後者が心身にプラスになる気エネルギー。人間誰でも両方から成る。

太極（たいきょく）／その人の運や生命力となる土台。またはその人の居住する気の拠点。

天（てん）の気、人（じん）の気、地（ち）の気／地上の万物はこの三つの気で成り立つ。

天の気／甲乙丙丁戊己庚辛壬癸で表す。

地の気／子丑寅卯辰巳午未申酉戌亥で示す。

人の気／一白水気・二黒土気・三碧木気・四緑木気・五黄土気・六白金気・七赤金気・八白土気・九紫火気の九種類。

命式（めいしき）／その人を成り立たせている天・人・地の気を、五つの要素に分けて示す一つの式。そこに、先天的な要素が示されていて、後天的な生き方と化学反応をおこして、その人の人生の軌跡が描かれていく。

成功気学は、その人生航路における出来事を、予め、可能な限り正確に予測し、修正し、望む目的の方向に舵をとろうとするもので、そのため成功気学は「先見先知のシステム」とも言う。

本書は、三カ月弱のパリ滞在中に書いた三冊目だが、本書の直前に書いた「余命三か月がんは治る病です~西洋医学と実践哲学・気学の活用」の姉妹編である。

とらえどころのないように思える「気」が、逆に確固として我々の人生に、一つの法則として喰い込んでいる事実にお気づきになるはずだ。とするなら、その気を味方につけるほうがいいし、結果として地上に平和と繁栄をもたらす事実に感嘆されるだろう、と期待して擱筆したい。

二〇十九年二月二十二日　パリ九区　C.ホテル58号

村田 昌謙
SHOUKEN MURATA
本名 康一

目次

はじめに

第1章　成功気学は「先見先知のシステム」である——9

敏感な人、気付かない人／生と死を分けるもの／現実生活の四つの条件／自分の行動の指針が明確になる／本当の引き寄せの法則／想念・意志のパワーを引き出す／祐気は自然な形でこころにも作用する／運命や人生の流れを読む／世界に通用する成功気学／悲劇は気学の活用でさけられるのに……／人生の運をコントロールし、人間関係を改善する／目に見えないが、気は法則通りに発現する／相性は実践哲学・気学で改善できる／強く魅かれ合う関係とは

第2章　人間関係で成功するための法則とは——75

「人間力」が人間関係・結婚を左右する／人間関係の中心点・ギバーの人／現実で成功し、人間関係がうまくいっている人の共通点／百二十年前の人が、同じことを主張／「天は復すことを好む」ことを知ろう／分福の代表・豊臣秀吉と松下幸之助／植福こそ、どんな時代にも絶対困らない人／「対応の原則」を理解しておこう／自

己規制をはずして大発展へ／波動の六つの性質／祐気の女の子（3070g）誕生
＊実例①　結婚できた喜びと気学　～縁遠い、結婚ムリといわれたのに
＊実例②　私の祐気が父に作用した！
占いとの違いをはっきり知ろう

第3章　気学を人生の願望成就に活かす

気学を人生の願望成就に活かす――155
人生の成功気学と趣味的気学の違い／象意を読むと予測・予知できる
＊実例③　象意の体験　～村田先生との対話からの発見①
先見先知のための象意読解力／脳の機能をより柔軟にするはたらき
＊実例④　象意の体験　～村田先生との対話からの発見②
易占とわたしの兄弟のこと／易経の大家・小林三剛先生とプロの気学家の死／
祐気ツアーでは、過去世との出会いも
＊実例⑤「札幌の歌姫」
夢もヴィジョンも直観力も意識の純度次第／シンクロニシティを起こすコツ
＊実例⑥　世界の頭脳と気学～ノーベル賞受賞のライバルを祝う山川考一博士

第4章　意図的シンクロニシティを起こして「運命を創る」——235
気学の究極の一つ、意図的シンクロニシティを起こす／波動の高低と意識の純度は深い関係
＊実例⑦　村田昌謙との出会い
＊実例⑧　久しぶりの幽体離脱 黄金の杖
これも偶然と言うのか／意図的シンクロニシティの数々の試み／幸運と不運のはざまに——／尅気と祐気のせめぎあいを知ろう／意図的シンクロニシティのためには、書くことが大切／誓った再生復活への第一歩と予言／いろいろな条件が、次々に解決されてゆく／何に共鳴し、そこから何を得るか／意図的シンクロニシティのまとめ／祐気効果を確実にし、シンクロ多発の極意／新人のお二人に依頼した重要な植福／自力と他力を十字に組むと爆発的効果がある／久伸輔先生の手記の前に
＊特別寄稿　破壊と新生への刺激王、村田昌謙先生
病院院長・日本ホメオパシー協会会長　久伸輔

あとがき

第1章

成功気学は「先見先知のシステム」である

敏感な人、気付かない人

「先生、すみませんが、今日の授業が終わったところで、お時間をとっていただけないでしょうか?」

ていねいな物腰で、明るい若い笑顔の母親が声をかけてきた。

「子育て」の講義を終え、教室を出ようとしたときのことである。気軽に「ああ、いいですよ」と言ったものの、まさかそれが後になって何人かの生死にかかわることになるとは、そのときは露ほども思わなかった。

それは、平成の初めごろ、この「子育て講座」からはじまった。

それはというのは、関西におけるこの「成功気学」の勉強会発足のことであり、東京・渋谷で平成五年に設立した「星風会」は、関西で発展をはじめた。

母親を対象にして、大阪の古い伝統を誇る専門学校と予備校を運営する学園で、社会人教育の一環としてこれまでにない、「子育て」講座が開講され、私は三年間の契約で、その講師を担当することになった。

これまでにはない、というのは、東洋哲学をベースにし、西洋的発想に欠落しがちな個々人の気質・体質・能力に添った子育てのことをいう。

教科書の原点として、私と小林三剛との共著「東洋心理学講座第一巻」をベースに、東洋医学をとり入れた、母親向けのやさしいテキストも作成されたが、これらの大元には、易経の大家であり、千葉県に設立された関東鍼灸専門学校の小林三剛博士（哲学博士・教育学博士）が存在した。

小林三剛先生とは、古いお付き合いだった。

多忙な三剛先生のゴーストライターとしても著作を続け、時折、気学と意識についての講義も依頼され、喜んで引き受けた。

そうした関係から、小林三剛先生のご存命中や亡くなられてからも、先生の学校で講師もつとめ、私の持論である西洋科学と東洋思想との融合を目指した。

私は全く知らなかったが、小林三剛先生は、大阪の老舗の先述の学園の顧問だったようで、月に一回千葉から大阪に来られ、二百数十名の同校職員へ東洋哲学の講義をされていた。

たまたまそういう関係で、東京から京都に一時的に移転していた私に声がかかったのだろう。


授業を終えて、指定の喫茶店に行った。

若い華やいだ雰囲気の母親である。かすかにやわらかな香水が漂ってくる。

「実は、主人のことなんですが……。前回と今回のご講義を聞いて、ぜひ先生のアドバイスをいただきたいのです」

挨拶が済むと、すぐ本題に入った。どの分野でもある程度、成功するタイプだな、と思いながら、訊いた。

「講義の内容とご主人が関係しているのですね」

「そうです。すごく関係してます。もっと言えば、モロにです」

凄い迫力。テーマに一直進、ムダがない。

女性の場合、多くが婉曲ないいまわしが多いが、ズバリ核心に迫ってくる。華やかさ、明るさ、もの言い……衣装などからみて、この奥様は三碧木気の方かもしれない……そう思いながら、また質問した。

「ご主人様の健康と仕事とか、ですね」

「ハイ、特に健康面です。それは……」

と語りだした。

東洋の子育て講座では、天の気・地の気・人（じん）の気の総合によって成り立つわれわれ人間の気質・体質・能力の先天性と、今後それらをどのように育み、成長させていくか、という後天の両面から見ようとする。

その折、世界の四大聖者のひとりとされる孔子のことばにある「吉凶紊乱《きっきょうびんらん》、動より生ずる」の解説で、子ども、大人を問わず、環境の大切さを説く。そしてどのように動くか、どこへ、いつ移動するかによって、体質が頑健であったり、病弱であったりし、時に事故にあったりする。

また、能力もよりよく発揮されたり、才能が埋もれたままで伸び悩んだり、性格的に憶病であったり、積極果敢で行動的であったりする、といった形で表われる。

そんな基本的な話の中で、孔子のいうことば――を現代風に意訳した。いいことも悪いことも、いつ、どこへ移動したか、旅行したか、移転したか。または留学したり、転勤したか、によっていいことも起きるし、悪いことも起きる――と解説。普通には一般的に占いとか、方位学とか言われ、誤解されていることも。

しかし、実際は違っていて、一つの自然の法則であり、きちんとマスターすると、人生に役立つ。そのなかの具体例の一つとして、大きな旅行をしたあとの幸運や不運について述べた。

この華やかな若い母親は、その講義に敏感に反応したわけである。全く我関せずの奥様方が多数であったのに、だ。

「実は前回の講義のあと、ふたりの子どものことより、主人の動きが心配に感じました。先生のお話のあと、帰宅して調べたら、オーストラリアのシドニーやメルボルンなどに、五黄殺か暗剣殺で何人かの社長さん連中を引き連れて、二回か三回行っているんですね」

村田「それは、間違いないですか?」

「ハイ、間違いありません。景気のいいバブル直前でしたし、主人のクセで、ファーストクラスで二、三人を招待したりしました」

ご主人を仮にL氏としておく。L氏は幅広い事業家で、貸しビルと高級レストランを数件持つ人物で、若くして大成功をおさめ、芦屋の一等地に数億円の邸宅を持っていた。

L氏、五黄土気の人。L夫人は三碧木気。予想通りだった。お子様は男の子二人。

L夫人は几帳面な文字で書いた自分のノートを見ながら、言った。

「間違いありません。五黄土気の主人がオーストラリアへ五黄がまわっているときに、知り合いの社長たちを引き連れて行ってます。二回です。あ、その次の年も一回行ってる……」

村田「次の年に、また、オーストラリアと言うと」

L夫人「ええ、本命的殺です」

村田「うーん……本命殺と的殺……」

L夫人「命の問題ですよね」

村田「いや、そう結論は出せません。この数年の間は、そうであっても、それ以前がどうであったか、によりますから」

L夫人「わかっただけでは三回だけど、それ以前の積み重ねによって、命にすぐかかわったり、違ったり、という意味ですか」

村田「その通りです。ただ、このままではまずいなぁ。これから先の健康にも、仕事にも影響してくるから」

L夫人「どうにか、その悪い気を消す方法はありますか。実はバブルが崩壊して、仕事も以前ほどではなく……いいえ、はっきり言えば、かなり厳しい状態です。

でも、今なら、貯えがある程度ありますから……。仕事よりも何よりも、主人の健康がまず心配なんですね。健康であれば、仕事は出来る人ですので、どうにかなると思っています」

村田「煙草は吸いますよね」

L夫人「ハイ、煙草も酒も」

村田「賭け事がお好きでしょうね」

L夫人「はい……⁉」

不思議そうな顔の夫人に言った。

村田「すみません。単に確認なのです。オーストラリアは、日本からは南です。九紫火気の定位置ですから、そこへマイナスの気が巡っているときに行っておられる。しかも最悪の気ですが、三回も行っていますから、喫煙・アルコール・ギャンブルが好きになって、やがて裁判沙汰や争い事など…が起きる……。とても単純でわかりやすい象意(現象)です」

L夫人「それをどうにか回避したいのですが、出来ますか。どんな方法がありますか」

村田「あります。その悪い気エネルギーを一応『尅気(こっき)』と呼んでいます。この尅気を心とからだから吐き出せる方法です」

L夫人「デトックスですね？」

村田「そうとも言えますね。たとえて言えば、グラスに汚れた水がある。清水をどんどん注ぐと、最初はグラスの底に沈殿している泥砂などが、浮き上がってきて、グラスいっぱいの汚れになるけれども、それでも清水を注ぎ続けたら、いつの間にかキレイな水でグラスは満たされる…というように、清水を注ぐようにするわけです。それを祐気（ゆうき）採りと言うんですね……」

L夫人「その祐気採りを先生と一緒にお願いしたいのですが……。お忙しいでしょうが、ぜひ、うちの主人に会っていただけませんか」

こうして、このご主人とお付き合いがはじまって、二十四年になる。しかし、私が東京に戻ってからは、年に何回かの交流となり、今はほとんど疎遠となった。

それでも、L夫人が気学をある程度マスターして、その実践だけは続けているようだが、L氏の体調がよくなく、五十代後半で、仕事の第一線からは引いているらしい。

心臓に何本かのステントを何回か入れながら、まだ、煙草をやめられない豪快な人物だ。争いや裁判沙汰も経験しているようだが、詳細は不明。賢明なL夫人は世界を駆け巡り、インテリアの仕事で大活躍らしいが、これも風の便りにすぎない。

生と死を分けるもの

L氏がご招待したり、L氏と親しかったC社長と誘い合って、一緒にオーストラリアに行ったりした結果、二人か三人の方が若くして亡くなるか、重病になるなどしているらしい。

C社長と私は全く面識はない。しかし、L夫人の紹介で、その夫人と二人のお嬢様はよく知っている。ある年にそのC夫人と長女とをまじえて二十名近くで、アフリカの東側にある世界のリゾート地といわれるモーリシャス共和国へ祐気ツアーに行った。

帰国の朝、一流の女子大学在学中のそのお嬢さんから「いま、父が危篤状態って連絡が入ったんです。先生、ORS気功の遠隔で、どうにかなりませんか……」と聞かれた。

涙をこらえながらの訴えに、どうしようもない無力感をおぼえた。背を向けて、海の方を見ていた母親の姿が目に焼き付いている。

L氏の親しい人であるC氏は四十代で、成功した事業家として亡くなった。

さて、L氏は私とふたりで、二年間ほど、スペイン・イタリア・フランス・サンフランシスコ・LA・NYやロシアと祐気採りを重ねていた。かつて元気だった仲間の社長や友人たちが、亡くなったり、倒産したりする姿を身近にみているだけに、祐気採りの実践は欠かせなかったのではないか。

L氏とL夫人の肝いりで、芦屋にあるL氏の豪邸の二階の広いリビングで、月一回の成功気学の勉強会が開催された。

それ以前は、すでにふれたように、東京・渋谷の事務所で星風会を設立し、そこで意識と気学の勉強会をはじめていた。その後、京都に移り、波動や自己啓発・意識・気学の勉強会を京都でも行っていた。

それに拍車をかけるように、L夫人の熱い思いによる集いは、次第にその輪を広げ、子育て講座の受講生のなかで、気学の効用に敏感に反応する方々が参加するようになった。

そのうち、正しく理解するタイプと、断片的な知識で占いとしてとらえるタイプとに分かれていき、占いととらえた人は、「占いで人生を決めたくない」として去って行く。占いだという刷り込みのある社長や事業家は、一切こちらの言葉に耳を傾けず、やがて事故を起こしたり、倒産の憂き目に会ったり、なかには五十代前で、病でこの世を去ったりした。むろん、そうでない方々も多数おられただろうが。

価値観の押しつけは出来ない。どんな人生を送ろうとも、ご本人の意思次第だからだ。

ただ、はっきりしていることの一つは、特に生と死を分かつのは、十年、二十年とみていると、「聞く耳」を主とする場合が「生」で、「口」が主となって徹底して自己主張し、自己の価値観が中心となってしまい肝心の「耳」が従になる場合が「死」に至ると思われる。

東京の六本木で大きな建築事務所を営む、所長兼一級建築士のZ氏も四十代の若さで、尅気の旅先で急死された。星風会のメンバーで、東京大学出身の優秀な人材であったが、気学への理解が深まる前に、旅先で急病で倒れ、亡くなったのは非常に残念である。残されたお嬢様は、医学部に入り医師を目指しておられるが、良妻賢母である母親が、徹底して成功気学を実践していることが、私にとっては唯一の救いである。

さて、その後L氏一家は、神戸から東京の高級住宅地へ祐気で移転している。五十代のL氏自身は、仕事の一線から身を引いて療養生活だが、ご子息は一流の貿易商社に入社して活躍しているとの風の便りである。

実は才能豊かなL氏が、六十代になる前に、なぜ早々に引退状態なのかの気学的視点を言っておかなければならない。冒した大きな剋気は六十年続き、単純な祐気採りだけでない厳密な計画が必要である、という事を強調しておきたい。

体調や病気の気学的対応に関しては、拙著の「余命３か月　がんは治る病です～西洋医学と実践哲学・気学の活用」を参考にしてほしい。

かくして二十四年前、子育て講座を受けた若いお母さん方の中に、お孫さんに恵まれ、悠々自適の方、ようやく熟女で長男・長女の結婚で嬉しい悲鳴を上げている方……実はその頃からの星風会のメンバーとして活躍されている方々が何名もおられ、星風会の活動にも協力して下さっている。

現実生活の四つの条件

成功気学、あるときは実践哲学の気学、あるときは量子気学と表現はいろいろであるが、人生のどこかに活用することで、人生が豊かになることは、間違いがない。長いスパンでみると、それがよくわかる。

子育て講座の折、L夫人のように鋭敏にそれに気付いた方と全く反応しなかった方……十年、二十年のスパンでみるとき、明暗が鮮やかである。

しかし、どんな生き方を選ぶかは、個々人の問題だ。短い人生もよし。病床もよし。恵まれた経済力と自由な時間力のある人生もよし……。だが、ここで一つの提案をさせていただきたい。

次の四つを人生の現実的基盤に置くのは、お嫌いだろうか。

この4つのバランスの上に、あなた独自の人生の目的をかかげる——というのが、私の提案である。成功気学の活用は、その人なりにこれらを成し遂げて、その上にあなたの人生の目的を成就していく。

1　豊かな経済力
2　健やかな健康力
3　自由な時間力
4　喜びの奉仕力

よくご覧頂きたい。あなたにとって不必要な項目があるだろうか。星風会は現実的な一つの目安としてこれを定め、その上で、「**人類の集合意識のアップグレードに寄与**」する理念をかかげている。その理念を押しつけるつもりはない。まずは、とにかく現実の願望成就が先である。

最低、この4つのどれかが欠けるとき、多くは悩むのではないだろうか。だが、アドラー派の心理学信奉者からは、反論がありそうだ。わかりますよ、まだ悩みがあることを。なにかって⁉　人間関係ですよ。アドラー先生はそう言ってますからね。人生の悩みは、ほとんど人間関係だって。でも本当ですか？

今、この稿をパリの右岸、オペラ座に二、三分の距離のホテルで書いているが、朝食後に必ず左岸のカルチェ・ラタンまで歩き、戻ってくる。健康のため、脳のためである。当然、セーヌ川を渡る。

カルチェ・ラタンには、立ち寄るか、その前を通ると決めた有名な喫茶店が3つある。また、フランスで最古のレストラン・キャフェは、過去に妻の枝美佳を連れて何回か行ったが、本物のナポレオンの帽子がある。ここだけは、この原稿を書き上げたときの記念に行くためにとってある。

ヴォーヴワールとサルトル。ピカソ、ヘミングウェイ、カミュ、アポリネール……目のくらむような連中が、常連として行っていたキャフェには、散歩の折には、絶対に入らないようにしている。観光客や地元の常連でごった返して、注文するのに三十分もかかるからだ。別に決めたキャフェに入る。そこは出入り自由で、ソルボンヌ大学の学生も多い。

さて、その道中、何人もの物乞いに会う。

粉雪が舞っても、寒空の石畳の上に座っている。これも一つの人生である。あなたはこの人生を選択されるか。この姿を見るたびに、悩みの多くは人間関係である、と言っておれるか？　と思ってしまうのだ。

昨年十二月中旬にパリに来て、一カ月が過ぎた。その間、二冊分の原稿四〇〇字詰め、約六〇〇枚を書いて、日本に写メで送った。

繰り返すが、脳と健康のため最低一時間、うまくいけば二時間歩く。その間、これまで五回、スリたちに遭う。彼らは必ず複数で取り囲む。何回もやられる。そうこうしているうちに、顔見知りになった。

二十二、二十三才の美女や美少年もいる。寄ってくると、こちらが逆に脅したりするが、先方は投げキッスをしてくる。コンコルド広場の人気のない、隅っこで写真を撮っていると、三人の若い女が来た。いい獲物と思ったのだろう。

「正体、わかってんだ、君たち！」と怒鳴ると、「わぁ」と散る若い女たち。うちの一人がまた寄ってきて、自分のお腹を指して「お腹に赤ちゃんがいるのよ！」と叫ぶ。

「知るかい！」

散っていった美女たちを追って写真を撮ったり、その姿を眺めているうちに、痛ましさが募ってきて、じんわりと目頭が熱くなってくる…。

「なんとおれは残酷なんだ。たとえ嘘でもベビィがいると言わざるを得ない境遇……ウソやハッタリを言いながらでも、ああして生きなければならない人たち……小バカにするのは簡単、追い払うのもワケないけれど……。それも人生って、偉そうに達観した言い方が許されるのだろうか……」わけのわからぬ涙が、じんわりと滲んでくる。

さっきの三人の女性が、背の高い白人を取り囲んでアンケートを取るフリが見える。収穫がなさそうな力の抜けた姿が、遠くに黒い影のゆらめきになっている。

もう一度、セーヌ川の岸に戻った。

……濁った流れだが、サンゴール橋を渡る様々な人種とそれぞれの人生を背負った人々を無言で渡すその橋の下で、セーヌ川は淡々と流れている。

……その川の流れを見ていると、「驕慢な観光客」にだけはなるまい、と思う。

アドラー心理学のいう悩みの主である人間関係以前に、病弱であったり、貧困であったり、さらに最悪の環境であるとき（テロや内戦の多い国や地域、殺人、強盗など凶悪な地域）、そこからの脱出は命がけであるに違いない。悩んでいる暇はないとも言える。

実は、こうした深刻な問題にも、成功気学は解決の糸口を与えてくれる。まして、人間関係の改善は、成功気学の最も得意とするところでもあるのだが、知る人は少ない。

その事を、ジョン・レノンさんとオノ・ヨーコさんの事例で、後ほど述べる予定だ。

まず、ここまでの記述を、簡単に気学的な目からみてみよう。

川の流れは一白水気の象意。スリたちも一白水気、その一白は貧困を示す。同情する心も一白。涙も一白。ある種の気づきは、一白の裏となる九紫火気の象意の精神作用となる。悩みも一白。

何気ない感情や思い、状況、事物は、すべて、本書の読み方のまえがきで示した、九種類の気（人の気）、九気で示すことができる——ということを、まずご理解いただきたい。

自分の行動の指針が明確になる

次に、これがポイントだ。

単に九気で示されるだけではなく、それによって、自分は「どう行動したらよいか」という判断ができる、ということだ。いわば**自分で自分の今後の行動の指針が明確になる**ということである。

たとえば、スリの連中に遭った。しかし、あらかじめ予測していたことであり、被害にあわずに済んでよかったと痛感し、今後も遭遇するだろうが、対応の仕方を考えておけばいいいと思った。

予測通りスリが現れ、スリの連中とやり取りはしたが、（Ａ）被害にあった場合（Ｂ）被害に遭わなかった場合の二つのパターンに分かれる。

このとき、（Ａ）の場合、一白水気のマイナス・凶……不運と判断する。当たり前ですね。しかし、（Ｂ）の場合は凶でもない吉でもない、となる。

次に大切なことは、（Ａ）の場合は油断したからとか不注意だから、と理解し、もう学習したから今後はスリに気をつけよう、となる。これは常識ですね。当然である。ここまでは普通のことだ。

だが、成功気学では、ここからが違ってくる。一白の凶としてスリに遭ったが、今後ももしかすると、一白の凶が続く可能性があるよ、という暗示として受け止める。それは、スリに遭い続けるという意味ではない。他の意味をスリで示唆していると見る。

では、一白のマイナス波動というのは何かとなると、一白が象徴している百以上ある中から、いろいろと選択をしなければならない。

しかし、それも気学を一種のパターン化したものに気学盤があり、それを読むと、いつ、何が起きるかが先に見え、先に知ることができる。それが「先見先知」のシステムであり、これを読みとるには「象意」・現象の奥の意味を知ることが必要になる。

たとえば、実際にあった話だが、冒頭に述べたL夫人のことを覚えておられるだろうか。芦屋夫人のことだ。

このL夫人がパリに旅行したとき、ルーブル美術館でエルメスのバックをすられてしまった。金銭的損失も大きかっただろうが、それ以上のことが起きるか起きないかが、私がお話を聞いたときに心配したことだ。そこには将来への暗示があるからだった。果せるかな、身内から病人が出て、そのお世話を何年もすることになった。

本当の引き寄せの法則

私自身のことは山ほどある。

南（九紫）のオーストラリア・アデレードに行ったときカメラを盗まれた。同じ年、シドニーの一流ホテルのロビーで、再び新しいカメラを盗られ、三回目は、メルボルンのレストランでカメラを盗まれ、ようやく、それ以降は盗まれることはなくなった。

南であるオーストラリアで三回もカメラを盗られたのは、かなり間抜けだろう。

南は九紫火気、カメラは九紫火気。盗まれる一白水気と五黄土気という象意。

前面に出ているのは九紫火気。これの大きなマイナス面が私にはあるという意味である。

そして間違いなく、私はシドニーやパース（オーストラリアの西、日本から南西）に数回の剋気を過去に冒していた。その南は、何回も繰り返すが、後天定位盤という盤で九紫の定位置で、凶のときに何回か行っている。

九紫には名声・名誉・知性・頭脳やマスコミという象意がある。裁判・争い・誤解というのもある。

三回ものカメラ盗難のあと、しばらくすると、いわれのない訴訟問題が起きて裁判沙汰となった。私が全面的に勝訴したが、寝耳に水であった。また、当時の擬似宗教団体の周辺から写真週刊誌に、「乗っ取り工作」の主犯のような形で写真入りの記事や、昔交流のあった著名な俳優名義で、私の非難誹謗記事が載ったりして、まさに青天の霹靂であった。

尾行やら盗聴器を仕掛けられたり、わけのわからぬことがあり、幾度も依頼されてセクハラを受けた被害者を助けたりしたことが、逆にそのセクハラの犯人として宣伝され、無邪気にそれを信じる方々に軽蔑される始末に我ながらあきれもした。

しかし、いつも危ないところで、後で知ったことだが、いろいろな方や国からも助けられ、守られ、無難にその危機を乗り切ることが出来た。それは、長新太さんの「キャベツくん」のようであったかも知れない。

いろいろな大きな実力者や国からの助け、というのは、六白金気の象意である。

「地理風水・気学の総合基本講座全十二巻」のビデオには、そのあたりのことが取り上げられている。

ところで、三回ものカメラ（九紫の象意）の盗難で私が取った行動は移転であった。裁判・争い・マスコミ・誤解による攻撃・スキャンダル……これらはすべて身に覚えのない事だが、所属している団体の脱税やトップのセクハラ疑惑が、こちらへ転化され、よくある反逆や権力闘争にすり替えられ、一部のジャーナリズムが私を攻撃目標にしてきた。三回も象意が示したのはこれだったのか、とあとで知った。

がその時は、象意があった以上は、何かが起きる。それは九紫の意味する何かだと、その防御のために、都内の杉並区から、どんな攻撃にも最大の防御となる西北のK市へ移転。さらにそこから、東南の祐気となる渋谷区の駅近くに事務所を構えた。

西北は防御と実力者や国家の応援を得る祐気先。さらに社会的信用や正しい交流と良い評判を得る……。誤解を解く意味として東南の祐気先という二段構えであった。

一方、その前後から、写真週刊誌やら尾行やら盗聴騒ぎやらが起き、新しい移転先の五階のマンションにおける午前三時の侵入騒ぎは、数台のパトカー出動で、わけがわからぬうちにおさまったりもした。

そんな折、京都の理解ある老舗の一五代目の方の言葉に甘えて、東京の騒動が納まるまで移転することにした。もちろん、祐気での移転である。

京都の老舗の若い七赤氏の応援は、西北・六白の作用がそのまま現れている。**再生復活の意味**をこめて、西に**年盤八白・月盤八白・日盤八白・時盤八白**のとき、京都に妻ともども移転した。京都の老舗のその方は七赤の社長、夫人は四緑の方で、マンションなどを一切手配して下さった恩人である。

京都は東京から西で後天盤七赤。七赤とその先天四緑の恩人夫婦だ。

しばらくして大阪の老舗の予備校・専門学校の理事長から声がかかり、三年契約の「子育て講座」の担当となる。

ちなみに、その理事長先生は八白土気の方であった。その方を紹介したのは、小林三剛先生・六白の人。ここでも、西北の祐気が現れているのがわかる。

気学について予備知識が無いなら、意味不明だろうが、**西は七赤**の定位置、私が移動したとき、**西に八白**がまわっていた。支援してくれた老舗の一五代目は**七赤の社長**、契約した学校の**理事長は八白の方**。気学の法則を知っている者にとって、それは必然であり、知らない方には「すべて偶然」となるだろう。

原則として、採った**祐気は、同じ祐気を引き寄せる**。取った**尅気は同じ尅気の事物を引き寄せる**。共鳴作用が起きるからだ。これが**本当の引き寄せの法則なのである**。抽象論ではなく具体的なのだ。

想念・意志のパワーを引き出す

見てきたように「引き寄せの法則」は、プラスもマイナスをも引き寄せる。ここ数年日本でクローズアップされてきたが、アメリカで大きく話題になり、発信された考え方だ。源流をたどるとわかるが、アメリカの思想家で作家の「光明思想」のエマーソンらの考え方が原点である。

平ったくいえば、ポジティブシンキングであり、エマーソンたちは、人間のもつ想念（意識）の力に光をあてたと言っていい。

そこに信仰心を加えるかどうかの違いは色々あるが、個人の価値観・信念による。わたし自身が、こうしたことに関心をもったのは、ほぼ五十年前からだ。一九五八年ごろから人間の意志・想念・信念の力への追求はスタートしている。

人間のもつそれは、じつに素晴らしい。しかし、その素晴らしさを発揮できる人は、十人中一人いるか。いや、理屈はわかっていても、百人中に一人いるかいないかであろう、と自分自身を含めて思ったのが、結論だった。

同時に易経になじみ、実践哲学・気学に行きつき、いろいろと試行錯誤を繰り返してきて、古代から伝わるこの法則…。エマーソンらのいう「信念・精神力・意識のパワー」が気エネルギーによって、いとも簡単に高まり、ここ数年前から話題になっていた「引き寄せの法則」は、やがて下火になっていくはずだ。

理由は明白である。はじめは物珍しく、その方面に関心のある方々が飛びついたものの、やがて、現実面でのその実現性が薄いことを実感しだすや「理屈はわかるけれどね……」となって、次第に遠ざかってゆくからだ。

ところが、引き寄せの法則をいともたやすく実現する成功気学は、全く「力（りき）む」必要のない自然の法則なのだ。

スリの話に戻って恐縮だが、いま話している「引き寄せの法則」と深く関係するので、ぜひお許し頂きたい。気学の予備知識がない方には、前にふれた一白水気の羅列にウンザリしたかも知れない。あるいは、なぜ、一白だけが羅列されるのか、と不審に思われたかも知れない。

逆に予備知識がおありの方は、「引き寄せの法則」との関連で、しかも、将来の展望を類推されることをおすすめしたい。

簡単に、いま述べたことをみてみよう。

祐気は自然な形でこころにも作用する

いま現在、二〇一九年一月。パリのホテルのレストランで書いている。昨年十二月中旬に来て、およそ一カ月が過ぎようとしている。

わたしの太極（住んでいる所）は、日本にあるが、滞在が二カ月以上過ぎると、やがてフランスに移ることになる。それを狙ってきているわけだが、昨年十二月時点で日本からみてフランスは西、後天盤で七赤金気、年盤で二黒土気、月盤で六白金気がまわっていて、大きな祐気である。

しかし、フランスに最初来たのは、一九七二年の十二月。以来、仕事を兼ねて、二十回は来ている。三回は尅気だったが、あとはそれを消すために祐気で十七回程来ている。

簡略化して説明しよう。

今回の私の心身に作用する気エネルギーは、主に七赤の祐気とその先天の祐気一白となる。

二十回も来て長期滞在となれば、七赤の祐気は当然として、先天の一白の祐気が濃厚に出てきて当然である。（後天の祐気が多量になると、先天の祐気も受けるという二重の良さがある）

振り返って申し訳ないが、スリに五回も遭っているが、一度も被害は受けていない。それどころか、対立しながら、妙な友情（!?）さえもつようになり、わたしのほうには、ある種の同情の念が自然に湧いてさえきている。

この同情という心情は、一白水気の象意そのものである。どうぞ、ちょっと立ち止まって考えてほしい。「この人たちの立場に同情しなさい！」と命令・指示されて「はい、わかりました、同情します」と、涙ぐむことが人間にはあるだろうか。

そうです。気学の妙味は、祐気をたっぷり採ることで、**心情・価値観・感性の変化すら起こす（精神作用の変化）**ということである。しかも、「無理なく・自然に」である。

一白水気には、「立場の弱い者への同情」という象意がある。物乞いの存在にかつては一切同情しなかったし、「あなたがその人生を選んだんだ」と切り捨てていた私が、気がつくとパリの物乞いに何回か喜捨している。

　私の専門は心理学であって、脳科学も探求し、行動主義心理学にもとづく国際的大企業・銀行などのプログラム学習や企業内訓練にもたずさわり、ユング・フロイトからアブラハム・マズローからアドラーまでを一応、マスターしてきたつもりである。

「いじめっ子」や「いじめられっ子」を、脳科学と心理学で簡単に変容できるかどうか……他の専門家にも確かめてほしい。

　かなり手こずるはずである。不登校然り、である。それがキチンとした計画で成功気学を活用することで、改善されていく。

　せっかく、ここまでお読みいただいたから、ついでに言えば、この原稿をホテルのレストランで書いていると述べた。レストランは七赤。書く行為は一白。一白と七赤と二黒の気が巡っている。今回のパリだ。

　そのいい気の影響をわたしは心身に受けている現在である。

　レストランのスタッフのおばさんたち（二黒土気）が、原稿を書くことに協力してくれて、レストランのテーブルを自由に使っていいように、開放してくれているのだ。

　これが剋気であれば、一白のマイナスの陰険なイジワルに遭い、レストラン（七赤）を使うな、という事になるだろう。

一白の祐気には親愛の情もある。だから有難いことに、人間関係がすべて順調で協力的だ。

もう一つ、じつは滞在一カ月弱で、四〇〇字詰め原稿用紙、なんと六〇〇枚以上を書き上げたのだ。なぜ自画自賛しているのか。

じつは、古いメンバーは知っているが、また「余命3か月 がんは治る病です~西洋医学と実践哲学・気学の活用」に詳しく書いてあるように、かつて虚弱体質で、同じ姿勢を二十分ととれず、すぐに横になっていたほど疲れやすく虚弱だった。それがどうだろう。二十数日間で六〇〇枚とは！ その持続力・貫徹力と集中力……その総合力があってはじめて書けたのだ。二冊の本の原稿である。今、これが三冊目となるのだが、一気に書かなければならない。

自画自賛を許していただき、何を言いたいか。何事にも半端な私が、いまこうして持続性・貫徹性・集中性を発揮できるのは、なにゆえか、ということである。

いまあげた三つの特質は、じつはどれも一白水気の**祐気を採る、その気の特性がわれわれ自身の特性として現れる。**

ということは、自分の不足の能力、あるいはもっと伸ばしたい能力や特性を伸展させ、潜在している能力を開発することが出来るということである。

さらに言うなら、「努力する能力」を伸ばすことも出来る。私は、幼少のころ「ズボラで怠け者」として、母親から何回も繰り返し叱られた。本当にそうだといえる。

「ズボラ・怠け者」「虚弱体質」「意志薄弱」

これが私の別名だった。だが、もう返上する。祐気採りや成功気学を生活に採り入れているうちに、そうではなくなったのだ。

ついでに加えておこう。

怠け者だったから私は、「努力」とは一つの才能だと定義しているわけで、その才能が欠けていたのを、この成功気学で助けられ、いまその才能が芽生えつつある。私は、ちゃんとした人より、十周も二十周も遅れて走っているのを実感している。

だからこそ、嬉しい！　ありがたい！　心から、私はそう思っている。

あなたがすでに強靭な意志力をおもちなら興味はないかも知れないが、どこか、弱みがもしあるなら、必ずそれは強化できる、とのみ申し述べておこう。

虚弱体質だったから、当然「ズボラ」で「怠け者」で、結局そう、そう、「意志薄弱」

――というのはキチンと筋が通っているわけだ。ナンにも自慢にはならないが（笑）。

その私が昨年、生体波動の計測器で計測したところ、実年齢（戸籍年齢）よりも二十七歳若いという結果が出た。本音をいうと、目標は三十歳若いことであるから、目標には届いていない。もう少しだ。

しかし、なぜ虚弱体質だったのか、なぜ若返る工夫をしたのか、について、拙著のこの本と同時出版の「余命3か月　がんは治る病です～西洋医学と実践哲学・気学の活用」（エスクリエート刊）を、ぜひお読みいただきたい。

虚弱体質になった理由、がんになった理由と健康への方法が、気学を通してつかめるはずである。

実は、三十代から四十代にかけて、気学の人体実験を自ら行っていた事実もこの本で公表し、その結果についても展開されている。本書とは姉妹編と言ってもいいだろう。健康と運と成功のヒントがつかめるはずである。

運命や人生の流れを読む

ところで、ビートルズ世代であろうか。

ジョン・レノンとオノ・ヨーコご夫妻のアドバイザーだったニューヨークのヨシカワ氏のことをご存知だろうか。

このヨシカワ氏は、ハリウッドスターたちやイギリスの新聞王とされた人物たちから頼りにされた国際的な気学家である。

詳しく紹介する前に、最小限の気学の用語の解説をしておこう。

※祐気（ゆうき）……祐（たす）ける気で、私たち人間や事物を生かす気と考える。ヒトだけではない。事物もだ。祐気の自動車は長持ちし事故に遭わない。パソコンやスマホもそうであるが、なぜか人間だけに通用するという思い込みは「占い」の影響だろうか。

我々の心身にいい作用をする。さらに環境や自然とも調和する気エネルギーのこと。多分、十年、二十年間も気学を学び実践してきても見過ごしているのが、この環境や自然との調和のことだろう。祐気は人間の特性だけをいうのではなく、自然が自然の法則を成り立たせている根っこの法則そのものと一体化することであって、それが可能となったときに、自然災害に遭うことがなくなる。

自然との不調和は主として人間の欲望・エゴの限界を超える肥大化によって生じる。

祐気がたっぷりあるなら、わたしたちは自然災害に遭うことなく災難に苦しむこともないはずである。

祐気のある人は、周囲の人との調和がとれて、自ら突出した存在たろうとしない。明るく元気で才能にあふれ思いやりがある。知・情・意のバランスがよく、人々から好かれる。
※尅気（こっき）……尅（こく）する、害するという意味から、われわれの精神（こころ、考え、想念などの一切）を害し、肉体を傷つける気エネルギー。東洋医学的には邪気ともいう。
精神も害するので、人格上の欠陥は、すべて尅気とみる。病弱で、持病をもっている場合が多い。精神的な作用からみると、いじめっ子は攻撃性の歪みであり、その原因は尅気を冒（おか）しているからとみる。逆にいじめられっ子も同じであって、尅気を冒している場合に非積極性や憶病なマイナスの気を幼児のころに受けているからだ。

双方とも、尅気が原因である。

つぶさに、周囲の人を観察してみるがいい。また会ってみたいと思う人と、あまり会いたくないな、と思う人に、分かれるはずだ。

当然だが、また会ってみたい人の方が祐気の多い人で、会いたくないなと感じる相手は剋気が多い。エゴイスト・我の強い不調和な人、よく他者の悪口を言う人、いつも否定的など、あげるとキリがない。剋気が原因である。

少しコツを覚えると、雑談の中から見えてくるものがある。

「あ、この人にはお金を貸してはいけないいな」

「この人の話は半分に聞いておこう」

「お金を貸してもいい人だ」

「一緒に仕事をしてもいいか」

「うん、相続問題で悩み、争いが生じるだろうな」

「仕事で成功していく人」

「やがて健康を害する人」

などといったことが読めるようになる。

ビジネスにすぐ活用できるわけだ。それが「象意」を読むということであり、象意が読めるようになると、将来の予測が出来る。ニューヨークのヨシカワ氏の名声が国際的になり、ジョン・レノン一家のアドバイザーになったのも象意が読めたからだ。

「象意」とは、現実面の具体的な物や状況や「ことがら」を示す。その現象の奥にある意味を読みとることで、人生はさらに面白味が深くなる。

もう一つ、ここで理解してほしい言葉が、「太極（たいきょく）」だ。
※太極（たいきょく）……太極拳の太極だがここでは、簡単にものごとの中心、または土台と考える。二つの意味を理解しておこう。
たとえば、Aさんの太極は、太いとか大きいなどと表現する場合は、Aさんの運は強いとか、生命力が強烈、という意味になる。

もう一つは、A氏の太極は、いま札幌にある、といった場合、A氏は札幌に住んでいて、そこにA氏の「存在の拠点」があるとする。

成功気学を活用するとき「太極」がどこにあるかは、非常に重要なポイントになる。

いま、わたしの太極は、東京にある。しかし、昨年十二月二十日にパリのこのホテルに入って泊まり続けている。ようやく三十五日目に入るが、三月の中旬には帰国するので、太極は一度、完全にフランス・パリに移る。

しかし、三月から日本に住むわけだから、数カ月するとわたしの太極は、日本の居住地に太極が移動するわけだ。

この太極の移動が、その都度、祐気であるなら、心身の健康、体質、才能、社会生活、人間関係など、人生のすべてにおいてプラスに働く。

そこで、先に述べた四項目をもう一度、確認していただきたい。

あなたが、まだ良い出会いがなくて独身の男性、女性であったとしよう。

そのとき、この四項目は不必要だろうか。

経済力・健康力・時間力・奉仕力……直にお聞きしたいが、四点とも満足されているかどうか。配偶者が欲しい方で独身者に共通している点は何かをご存知だろうか。

多分、お気づきでないはず。この四点のうち、どれかが必ず欠けているのだが、ご本人は知るよしもない。解説は、ここではやめておこう。この単純などれかが欠けてバランスが悪い場合、望みの出会いは少ない。この四つのバランスがとれた方は、本人が望む限り、配偶者を得ているとのみ、申し上げておこう。

ついでに言えば、マズローの言う自己実現は、この基本的な四つの上に成り立つ。また、心理学でいう自己表現の欲求も、この四つのバランスの上で花開くことも知っておきたい。

しかし、成功気学を理解し、独りよがりでなく、正しく実践してみてほしい。気がつくと配偶者となるべき人との出会いが起きてくる。私が応援した中でも、何人ものそうした方々を近くでみてきている。心から、アドバイスのしがいがあることを感じ、こちらのほうが幸せをいただいているのだが――。

世界に通用する成功気学

さて、ヨシカワ氏の話に戻ろう。

二十六年前に出版されたタカシ・ヨシカワ氏の著書のまえがきに「ジョン・レノンと私とキオロジー」の見出しがある。

それをそのまま、次に再現、引用しよう。(「キオロジー・成功と幸運をつかむ「気」の運命学」)

※　※　※

「ミスター・ヨシカワ、あなたはトラベルエージェンシーになるか、本を書くといいんじゃないか?」

あるとき、ジョン・レノンからこんなジョークを言われました。ジョンが不幸な事故に遭う少し前のことです。

当時、私はレノン家のアドバイザーとして、さまざまな相談を受けていました。旅行などについても、「今年はあっちに行け、こっちの方角には行くな」と細かくアドバイスをしていたので、そんなことなら、いっそのこと旅行代理店でも開けばいいじゃないか、と言われたのです。

素晴らしい友人だったジョンが死んでしばらくして、私はふと彼の言葉を思い出しました。そして、ジョンのアドバイスに従って、自分のこれまでの研究の成果を一冊の本にまとめてみようと思ったのです。

こうして生まれたのが、本書のベースである英語版「ＴＨＥ　ＫＩ」です。

※　※　※

ビートルズ世代にとっては、おそらく驚くようなことかも知れない。ファンにとっては神様のようなジョン・レノンやその奥様のヨーコ・オノと親しい間柄で、気学のアドバイスをされていたとは――。

まして、あの世界のレジェンドともいうべきジョン・レノンが、気学を実践していたなんて……！　私も驚きました。

ニューヨークへ毎月、日本から通っていたときも、それ以前からも、セントラル・パークのあのダコタ・ハウスを何回も確認し、幾度となく、ジョン・レノンとヨーコ・オノの愛の巣を見上げた。

ある年のある朝早く、ニューヨークの紀伊国屋の前の細い歩道を、妻の枝美佳と一緒に散歩していた。

向こうから、女性が二人歩いてくる。道を譲ろうとしたとき、先方の女性が顔をあげ、ニッコリとほほ笑んで、短く「ハーイ」と声を掛けてきた。枝美佳は返事を返し、わたしは軽く会釈をした。

ヨーコ・オノさんだった。その後、枝美佳と私の間には、論争が続いた。「ヨーコ・オノさんは、私に声を掛けたのよ！」「違う、間違いなくボクにだ！」

あまりの突然のことだったので、びっくりはしたが、さすが世界のヨーコ・オノ。日本人の私たちに、とてもフレンドリーに声をかけ、颯爽と去って行った。

有名な人物は九紫。偶然の出会いは九紫。二人連れは九紫で、二人連れの二組は九紫。

紀伊国屋という本屋は九紫……東京からみて東の祐気でふたりは来ている。ふたりだけでも、四、五回はニューヨークに滞在し、多くの人が怖がって旅行を控えた、あのツインタワーの同時多発テロのあった年も、ふたりでＮＹに予定通りに滞在した。

だから、後天盤の東の三碧の祐気とともに先天盤の九紫が発動していると、みていい。ヨーコ・オノさんとの早朝（三碧）の偶然の出会い（九紫）は、私と妻が先天の祐気まで達していることを意味している。

ところで――。

気学家・ヨシカワ氏は、重い結核にかかり孤独な生活を送っているうちに、「気」をめぐる統計学、すなわち気オロジーに出会い研究をはじめたと記述しているが、長い闘病生活を終え、幼いころからの夢であったアメリカに渡り、ニューヨークで日本レストランを開いたという。気学を活用し、事業家としての能力によって店は成功。自然に気オロジーによるアドバイスをはじめたのがきっかけで大きな評判を呼ぶ。

ヨシカワ氏の著書から引用しよう。

※　※　※

一九七二年のある日、ビートルズを解散したばかりのジョン・レノンとヨーコ・オノが、私の店を訪れました。

ジョンは私に、評判の気オロジーでふたりの相性をみてくれないか、と言いました。彼らの生年月日を気オロジーに当てはめてみると、ジョンは6・6・5、ヨーコは4・8・1となり、これは後から述べるチャールズ皇太子とダイアナ妃のケースと同じで、アトラクト・ナンバーで結ばれた関係にあります。

アトラクト・ナンバーで結ばれたふたりは、激しく魅かれ合います。だからこそジョンとヨーコは運命的な恋に落ちたのですが、その関係を長く続けていくためには、良いコミュニケーションが必要です。気オロジーによれば、ジョンとヨーコはこのコミュニケーションに問題がありました。

私は、このままの関係を続けていけば、あなたたちは一年後に、別居することになるだろうと答えました。それを聞くとヨーコはひどく機嫌をそこね、席を立ってしまいました。

それから一年後、ヨーコがひとりで私の店を訪ねてきました。私の予測が現実のものとなったのです。傷心のヨーコに対して、私は、ジョンはまだあなたに魅かれているのだから、いずれ自分の本当の気持ちに気付くはずだとアドバイスしました。ヨーコはそれ以降、私の元をしばしば訪れるようになりました。

ヨーコと別れた後、ジョンは彼女の秘書をしていたメイ・パンという中国系アメリカ人の女性とカリフォルニアで暮らしていました。が、いろいろと問題があって、二年ほどしてニューヨークに戻ってくることになります。

※　※　※

と、ヨシカワ氏は綴る。その後を要約しよう。

一九七五年のある日、友人のミック・ジャガーがジョンを夕食に誘って、「僕はそばにこのプリンセスがいるから、今とても幸せなんだ」とジョンに美しい恋人のビアンカを紹介する。ジョンは、ハッとして、その場でヨーコに電話を入れた。

やり直そう、と言うジョンのことばに悩んだヨーコは、幾度もヨシカワ氏に相談した。ヨシカワ氏は、思い悩むヨーコに、すぐに復縁を勧めた。二人に必要なコミュニケーションのいい関係が、別れていた二年の月日のなかで改善されていたからだ、という。ヨシカワ氏の勧めで、ふたりは再び結ばれた夜、ヨーコはショーンを身ごもった…とヨシカワ氏は書いている。次がそうだ。

※　※　※

レノンの家との交流は、私にとっても本当に楽しいものでした。彼らの住むセントラル・パークのダコタ・ハウスでジョンとヨーコの手料理のディナーをご馳走になったこともあれば、彼らのベッドルームの大きなベッドの上で、私がショーン誕生のお祝いに持参した鯛を三人で食べたこともありました。

ジョンは、6・6・5のナンバーの特徴である男らしさと感受性の強さを見事に兼ね備えた人物で、私は彼の事がとても好きでした。

※　※　※

悲劇は気学の活用でさけられるのに……

ヨシカワ氏の能力と名声は、こうして高まっていき、アメリカのショービジネス界で活躍する一流の人物たちへの的確なアドバイスが、次々と成果をあげていく。

若手のミュージカルスターのトミー・チェーンへのアドバイスも効を奏し、予測通りに、トニー賞助演男優賞などの受賞で大いに信頼を得る。

予測だけではない。才能の方向性も的確である。

たとえば、本人の生年月日から割り出す命式（ヨシカワ氏は日本語を避け、バースチャートといい、バース・チャートの各ナンバーと表現する）から、隠れた才能を見つけてもあげる。

歌手として一世を風靡した、バリー・マニロウに、自分で歌うより、レコードのプロデュースに専念することを勧めた。やがて、バリー・マニロウは、様々なアルバムを手掛けて大ヒットを生んでいく。プロデューサーとしての能力が見事に開花したのである。

ヨシカワ氏の活躍は、アメリカだけではなく、ヨーロッパにも広がっていく。芸能界だけでなく、政財界の大立物たちの信頼も得る。

その中のひとり、英国の名門新聞「デイリーメール」のオーナーであり、ヨーロッパの新聞王と呼ばれたロドメヤ卿が、ヨシカワ氏を評価し、新聞紙上に連載のチャンスを与え、そればかりか、彼の本の出版エージェントまで紹介した。

日本では、こうはいかない。気学というと、ヘンな宗教か占いという判断をし、心を開いて見ようとする政財界人や知性派は少数か、ほとんどいない。

ほとんどが、世間体を気にする。政財界人も教育者も科学者も、みんなと一緒の歩調からはみ出ることを、極端に恐れる。

単一民族で島国に育まれた一つの習癖であり、村八分を極端におそれる。「世間体」という無言の規律に縛られる。

たとえば、メンバーの方に気学の体験の発表をお願いすると、「……実は私は実証主義者でありまして、実践哲学・気学がどんなものか、自分で確認したくて……」

などと、半端な擬似インテリほど、エクスキューズの前置きが必ず入る。一見立派そうに聞こえるが、数千年の歴史の積み重ねを、お前さんに実証確認ができるのか……と皮肉のひと言も言いたくなる。世間の目が基準になっているのがよくわかる。――そういうタイプの人は、星風会を去って行ってくれたが――。

だが、そんな前置き抜きにズバリ体験を堂々と語り、因果関係や仕組みや作用機序は私にとってブラックボックスだが、こういう現実的事象がありました、と率直に語る方々も増えている。こういうタイプこそ、実証主義者であり、開かれたそのマインドは、新しいアイディアや発見があり、独創的なものを作りあげたり、新しい人生を切り開いていくだろうな…と感動する。


そうした意味で、ヨシカワ氏が、気学に一切の先入観を持たず、世間体を気にしない開かれたアメリカで、キオロジーを広めたのは幸運というほかない。

さて、そのヨシカワ氏は、イギリスの一流紙に連載をはじめて好評を博していく。一九八一年、チャールズ皇太子とダイアナ妃の婚礼が話題を呼び、のちにその件で、ヨシカワ氏の予測したことが大問題となる。

ヨシカワ氏は新聞紙上で、皇太子とダイアナ妃は、命式からみて、強く魅かれ合う関係であるが、二つの理由でこの結婚はやがて暗礁に乗り上げるだろうと予測した。一つはコミュニケーション不足。二つは、結婚の時期の悪さであった。

一九八四年にその事を「予測」として公表。すると、華やかなロイヤル・カップルを敬愛するイギリス国民から、ごうごうたる非難を受けることになった。

かなりピンチを迎えるヨシカワ氏は、それでもひるむことなく、淡々と求めに対してアドバイスに応じていた。

果たせるかな、世紀の話題を呼んだこのロイヤル・カップルの夫婦生活が、うまくいっていないという報道が目につくようになり、一九九三年、ついにふたりは別居生活となってしまった。

不仲が決定的となったことで、ヨシカワ氏のところにテレビ・新聞・雑誌などのメディアが押し寄せてきた。

――十年前に、ふたりの破局を、なぜ予測できたのか、と――。ヨシカワ氏の評判は、さらに高まっていくが、ヨシカワ氏自身は、**気学を活用すれば、その悲劇は避けられたも**のを、残念でならないと、書いている。

人生の運をコントロールし、人間関係を改善する

ジョンが亡くなって六年後の一九八六年、ヨシカワ氏は、ジョンがジョークで語った自分の本を実際に出版した。

それが「ＴＨＥ　ＫＩ」である。

評判を呼び、カナダ・イタリア・ドイツなど各国で相次いで翻訳・出版され、ついにヨーロッパの社交界でも話題になった。

各地での講演の依頼も相次いで、多忙を極めていく。

彼のことばを、同書から引用しよう。

※　※　※

ではなぜ、気オロジーはアメリカやヨーロッパの人々に広く受け入れられたのでしょうか。それは気オロジーによって人生の運気をコントロールする方法を知り、より円滑な人間関係を手に入れることができるようになるからです。

気オロジーは偉大な力をもっています。

その力とは、自分を知り、相手を正しく理解するところから生まれてくるものです。我慢がつねに美徳ではあり得ない現代において、我慢に代わるものこそ、理解なのです。

私たちの人生は、人との出会いの積み重ねです。気オロジーを学べば、自己・他人・時・場所を知り、何が自分にとってベストかを判断することが出来るようになります。そしてその正しい判断こそが、あなたを成功へと導いてくれるのです。

「気」の重要なメッセージについて、古人は次のように言っています。

「自己を知りなさい。強さ、弱さ、その使い方を知りなさい。自然の法則に従って正しく歩むべき道を知ることで、あなたの人生に心を満たす大きな可能性が生まれるでしょう」

目に見えないが、気は法則通りに発現する

ヨシカワ氏は、実に適切な引用をして下さっている。私はここ数年来、特にセミナーを開いて強調しているテーマが、まさに、自分の弱みと強みである。

「なんですか、弱みとか強みって⁉」

と質問されることもある。

自分のもっている才能や性格の特長、さらに家庭や健康や運のリズムなど、あるいはそれらの弱点や欠点のことであるが、まず、それを知って改善したり、補強や良さを増幅し

たりしようということである。

なぜなら、「占い」という固い観念にとりつかれて、単に方位採りをしたらいいと思っている方が多いからである。本当に「生き方の問題に迫る」のが気学なのだが……。

そのために、必ず「孫子の兵法」を持ち出すのだが、なかには「そんなことはどうでもいいです。ズバリ、どうしたら金運が身につきますか。それを知りたい」

順を追ってとか、積み上げていくとかは、まどろっこしいのだろう。そんなことより、エッセンスだけでいいですから……と性急である。

命にかかわることもあるんですよ、と言いたくなるが、聞く耳をもたない。

――ところで、読者のあなたは、ヨシカワ氏とジョン・レノンの事を知って、何を感じられただろうか。

少し引っ掛かる点が、なかったかどうか。

そう、それだけ予測が出来たヨシカワ氏なのに、なぜジョン・レノンの死を予測し、避けることが出来なかったのか、という点である。

しかし、ヨシカワ氏が、その事に一切ふれていないのは「ふれたくない」からか、「ふれる材料がなかった」からか、ジョン・レノンが災難に遭うとは「全く予測しなかった」

から…のどれかであろう。

一九八〇年十二月八日、ダコタ・ハウスの前でジョン・レノンは、五発の凶弾を受けて死亡。四十一歳前厄の年だった。

五発の凶弾の一発は頭部を貫通し、弾丸はその向こうのガラス戸を直撃している。三発は背中から胸部へ、他の部位に一発、合計五発。

衝撃は世界中を巡った。熱狂的なファンによるものと、わたしは報道をそのまま信じた。犯人は、マーク・チャップマン。命式は乙未九・二・三の男性。現在、ウェデン刑務所に服役中で、仮釈放の可能性もあるという。

事件のずっと後になって、陰謀説が流れる。CIAが関与、フリーメイソンが関与、アメリカ政府が関与……などとまことしやかだ。

ジョン・レノンは反戦の歌で、世界を席巻していたから——というのが理由らしい。

しかし、ジョン・レノンが悲劇に遭う前に、その悲劇を事前に予言した人物がいる。当時、わたしは、自分の体質改善のために瞑想を学び、どんどん心魅かれて、ついにその国際的組織の瞑想教師の資格をとり、仕事の合間をぬって、完全ボランティアで国の内外を飛び回っていた。

われわれが学んだヒマラヤの聖者のマスターにジョン・レノンが会ったとき、「……用心しなさい。そういうことをしていると命にかかわる……危険です」というマスターの声が、同席していた瞑想教師たちから伝わってきていたのだ。

「そういうこと」とは何を意味するのか、その具体的な内容はわからずじまいであったが……。

ここで、ヨシカワ氏の本を手掛かりにして簡単にジョン・レノンの動きを追ってみよう。

一九七二年のある日、ビートルズを解散したばかりのジョン・レノンとヨーコ・オノは、ヨシカワ氏の店を訪れている。

六白のジョン・レノンは運のリズムが最悪の状態。だ

壬子一白水気中宮

9	5	7
8	1	3
4	6	2

（ア）

が、新しいスタートを意味する一白に同会と同時に、同じく新規スタートと同じ意味の一白中宮の年でもあった。このとき、四緑のヨーコ・オノは生涯の転機を迎えている。

一九七三年、ヨーコと別れて、秘書の女性と西海岸へジョン・レノンは移り住む。ジョン・レノンには一応祐気であったが、秘書（二黒）という格下との結びつきは、高尚・高貴の天上界を目指す本命の彼には、情熱が覚めるとガックリきたであろうことが気学盤上に示されている。気学的改善をしない限り、いい関係が続くはずがない。

一九七五年、乙卯七赤中宮年、ジョン・レノンは、元秘書の女性と別れて、西海岸カリフォルニアから東のニューヨークにもどる。

気学盤

6	2	4
⑤	7	9
1	3	8

それは乙卯七赤中宮であり、太歳方一千倍の強さの東には五黄土気がまわっている。

ここは、絶対に見過ごすことは出来ない。ジョン・レノンは、この年、西から東へ移動した。

そのニューヨークは、彼にとって五黄殺の一千倍の強さをもつ凶殺への移転となった。

このとき、ミック・ジャガーに夕食に誘われ、彼の美しい恋人を紹介されたのがきっかけで、その場からすかさず、ヨーコ・オノに電話を入れている。

ジョン・レノンの本命六白は、このときヨーコ・オノの四緑に同会し、六白の彼の定位置に八白がまわっている。

それはジョン・レノンが四緑のヨーコ・オノに強く魅かれ、八白の被同会は「復縁」の気エネルギーが彼に押し寄せていることを意味する。いわば、ヨリを戻したいジョン・レノンの様子まで浮かび上がってきそうな「気」の配置なのである。

ヨーコ・オノの場合、この年は、家庭の座・南西にヨーコの本命がまわり、家庭的落ち着きを求めつつ、対冲にある一白の孤独感にさいなまれながら、思い悩み、決断に踏み切れない状態を示している。おそらく、そこにヨシカワ氏が登場して「復縁」を強くすすめたに違いない。

ヨシカワ氏の生年月日は不明だが、まず七赤金気であろうと、わたしは推測している。

料理は七赤、レストランも七赤、講演七赤、教えさとす七赤と並ぶ。

またこの年、七赤中宮で、ヨーコ・オノとジョン・レノンの橋渡しをする重大な役割からみても、七赤金気の象意通りだからだ。

ヨシカワ氏は、ハリウッドスターなみの伊達男である。体格がよく、トレンチコートと帽子とがよく似合う。映画の賞を独り占めした「カサブランカ」の、ハンフリー・ボガードなみのイメージ。相手は、イングリット・バーグマンだ。

二年の歳月を経て、ヨシカワ氏の復縁の勧めも功を奏し、ヨーコ・オノとジョン・レノンは復縁し、子どもにも恵まれる…とここまではすでに述べたとおりである。

しかし、その復縁の喜びの延長で人生が推移していたならよかったが、そうではなかったことは、気学的方法を駆使しないかぎり、当人たちにも誰にも予想はできなかった。

ジョン・レノンの本命六白が南の九紫へまわった年に、彼は五発の銃弾を受け、生涯を閉じた。その原因をあなたは、もうお気づきだろう。しかし、法則を知らなければ、すべては不運な偶然でおしまいになるはずだ。

ジョン・レノンは、最悪の五黄殺一千倍で東に移動している。後天東の三碧は一千倍となれば先天の凶・九紫火気に転じて凶が噴出する。本命の六白が南の後天の九紫にまわり、これも最悪。さらにその先天の六白は彼の本命でもあり、本命殺の凶でやはり最悪である。

最悪の状態が四点も重なれば、持って生まれた強運の人であっても、事前に回避しない限り無理である。

九紫と六白は、頭部と胸部を意味し、弾丸そのものと銃器は六白でもある。

そして、ここで強調しておくが、どんな最悪の事態でも早い時期にそれがわかるなら、改善方法があるということである。


いま書いていることは、法則どおり、約束ごとの方程式にのっとって解説しているだけだが、その方程式を知らない利巧ぶった人からは、「それ、こじつけじゃないですか」と自分で学ぶ前から、否定する方もおられる。

簡単だから、まず理解して読み方の練習をすれば、すぐ誰にでもできるので、批判する前に確かめてほしい。

相性は実践哲学・気学で改善できる

ヨシカワ氏が指摘するように、気学は「気」の自然の法則である。その「気」の動きを約束ごと（方程式）に添って、素直に読んでいくことで、将来、何が起きるかのアウトライン**が見えてくる。それを知ることで、マイナスのことなら、それをどう避けるかを考え、避ける方法があるので、それを見つけて素直に避ける方法を実践していく。**

だから気学は、「先見先知のシステム」というのであるし、自分の思う人生として創り変えていくところから、「**自分の運命は自分で創る**」というのである。

ヨシカワ氏は、ジョン・レノンとヨーコ・オノのふたりに、相性はどうかと相談され、チャールズ皇太子とダイアナ妃と同じで、アトラクト・ナンバーで結ばれた関係にあり、よいコミュニケーションへの改善が必要と説き、それがなされなければ破局を迎える、とアドバイスをしている。

ジョン・レノンとヨーコ・オノは予測どおり破局を迎えたが、二年間の間に改善されたとヨシカワ氏は明言されているので、復縁し、子どもも授かった。

だが、チャールズ皇太子とダイアナ妃は、改善されることなく、悲劇へと突っ走ってしまったのだった。

注目してほしいのは、ヨシカワ氏が、ふたりは一度は離婚したが、「コミュニケーションの改善」がなされた結果、復縁に成功したと解説している点であり、それをおふたりに認めたからこそ、自信をもってふたりに、復縁が成功するリズムのときに、復縁をすすめた、ということである。

このように、相性は改善できるのだ。

それだけではない。

ジョン・レノンの悲劇は、本人がそのつもりになれば、さけられたのだ。

「本人がそのつもりになれば」……私はこれを強調しておきたい。「どう生きるか」の主体は、ご本人の意志次第であって、他者がどうのこうのとは言えない。どの人生であろうと、本人のものであるのは当然であるが、「どう生きるか」は、もし可能なら早いうちに意識したほうが、より価値ある人生を築けるのではないかと思われるが……。

ヨシカワ氏の本には、あれほど親しく家族ぐるみの交流をしながら、ジョン・レノンの悲劇について、気学的解釈や解説は一字もない。深く彼を愛するがゆえに、一切ふれたくないのか。他に理由があるのか、それはわからない。ただ、推測するなら、危険なことをジョン・レノンの命式から読み取り、それを本人にアドバイスしていたのではないか。だが、ご本人はそれほど重大だと思わずに聞き流したか——である。

私自身にも苦い経験が幾つかある。もう時効だと割り切って二つだけ書くが、一件は、大変親しく尊敬し、家族ぐるみのお付き合いをしていた方で、やがて総理大臣にと各方面から期待されていた元・官房長官の藤波孝生衆議院議員の場合がそうだった。

義理堅い藤波先生は、支援者のバス四〜五台による懇親会の旅行で、五黄殺の西北へ二回ほど行かれた。これは大きな致命傷であったが、行った後で知り、文字通りあとの祭りであった……。

あとの祭りではあるが、気学の実践における苦しいところは、「やむを得ない」人生上の義理と人情によって、尅気を冒（おか）さなければならない点である。「自分の命や運命」とそれとを天びんにかけることになるからだ。それでも私は、「気学は自分の欲望との闘いだ」としている。「義理も人情」も私は「欲望」の中に入れている。長期的展望にたって、元気であれば、あとで取り返しがつくからだ。

もっと身近では、四十歳代で急死した一級建築士の場合だ。彼はフランス語と英語が堪能で、フランスの美術とヨーロッパ中世の建築に特に関心をもっていた人物だ。

私が「世界の美術」を映像で紹介する仕事で地球を一周半したことを非常にうらやましがって、ご自身の見聞と照合したり、議論で深夜まで過ごしたことが幾度もあった。……その彼は亡くなる半年前に、兆しがあったので、注意を促したのだが、何かの都合で無視された。

大切な人の大失敗や死については、やはり触れたくない気持ちがはたらく。

強く魅かれ合う関係とは

ジョン・レノンの命式を、ヨシカワ氏は、漢字を使わず6－6－5というベーシックナンバーで示されている。西洋人には非常にわかりやすい。これを東洋的に表現するとすれば、ヨシカワ氏が恐らく煩雑さをさけ、シンプルにするため省略化したであろう、天の気と地の気を加えて表示することにしよう。

ジョン・レノン　庚辰六白・六白・五黄
ヨーコ・オノ　壬午四緑・八白・一白

天の気・地の気・人（じん）の気が、これですべて揃ったところで判断すれば、先天的におふたりは、魅かれ合う。ちまたでいう占いでいえば、六と四の関係でしかみないので、「相性が悪い関係」となるが、そんなことはなく、「気」の世界の総合的な判断からは「縁」が生じて然るべきであるといえる。縁は生じるが、「良縁」か「悪縁」かは別の見方もある。

しかし、ここでは、ヨシカワ氏の言うアトラクト・ナンバーで強烈に魅かれ合うが、コミュニケーションの問題で離別する、という関係は、理解しておく必要がある。

まず、ヨシカワ氏のアトラクト・ナンバーについて解説しておこう。

気学を理解するには、幾つかの決まったチャートがあり、それをまず読めること。次に自分で作れるようになること。本書は、その技術論ではないので、要点だけをとりあげておく。

これが後天定位盤《こうてんじょういばん》。（となりのページ参照）

人（じん）の気の九気をこうしたチャートに示す。この数字のあるマス目のところを「宮」（きゅう）という。九宮あるのがわかるだろう。一つひとつの宮に名称があり、それぞれに意味があるが、ここでは省略しておく。

この後天定位盤（略して後天盤）は、タテ、ヨコ、斜めに足しても一五になるところから、海外ではマジック・スクェア（魔法陣）と呼んだりもする。

ヨシカワ氏の言うアトラクト・ナンバーというのは、ヨーコ・オノの本命が四、ジョン・レノンが六が本命。この四と六は中央の五をはさんで反対側同士、すなわち対冲（たいちゅう）の関係という。では、後天定位盤の

4	9	2
3	5	7
8	1	6

三と七をみていただきたい。

三と七は対冲の関係、アトラクト・ナンバーの関係である。じつは、これが三碧のダイアナ妃と七赤のチャールズ皇太子の関係であったのだ。

ヨシカワ氏の指摘のとおり、こういう関係は、非常に強く魅かれ合う。それは異性同士とは限らず、同性同士でも同じであって、友情や信頼で結ばれ、協力関係や共同事業を行ったりすることも多い。

しかし、双方が仕事であれ、夫婦関係や恋人同士の関係であったとしても、やがて身近

なつながりが生じるにつれ、ある種の違和感が生じ、別離・対立の関係になりやすい。ヨシカワ氏は、それをコミュニケーション不足によるものだから、その改善をすることで、よい関係になる、と言っている。

この「コミュニケーション不足」を、単純な「ホウ・レン・ソウ」の問題としてとらえるなら、二十年学んでいても、まだ気学を正しく理解しているとは言い難い。お気付きだろうか。

自己啓発セミナーなどをさんざん受けてきた自己啓発セミナー中毒患者は、一発で、報告・連絡・相談のことだ。しかも、それには順序があって、相手により、相談が先か、連絡が先か、報告がトップにくるかで違ってくるなどと、かゆいところに手が届くような解説をする凄い方もおられる。

しかし、その考え方、発想に間違いはなく正しいけれど、気学の場合でいえば少なくとも、私が理解するヨシカワ氏のコミュニケーションというのは、そうした知的レベルのことではない。知的レベルを超えたもっと深いコミュニケーションでなければならない。

すなわち、**相手と自分の発し合う「気」の交流のことだ**。双方の「気」エネルギーの波動が共鳴し合うとき、初めてふたりが心を開き、信頼し、ともにわかり合う関係となる。

これを無視してはならない。そもそもコミュニケーションとは、知的交流だけを言うのではなく、心的姿勢が基盤であり、その心の姿勢・態度・雰囲気などの情緒の源は「気」そのものだからだ。知的交流は、その土台の上で、はじめて効力を発揮することを忘れてはならない。

共鳴し合う気の上で、仕事上ならば「報・連・相」は必須となり、それがしっかりと生きてくるといっていいだろう。

ヨシカワ氏もよく強調されているように、運の良し悪しは、人間関係で決まる面が大きいわけであり、幸運は決してペットや他のモノが運んでくるのではない。理屈を言えば、犬や猫や他のモノの介在は、きっかけに過ぎず、究極はそれにつながっている人間がからんでくることに反対する人はいないだろう。

「人間音痴」で成功した、という人は古今東西、聞いたことがない。強調しても強調したりないほど、人と人とのつながりは重要である。そんなことは誰でもわかっている、と言う方、それは当たり前だろうとわけ知り顔の方は多いが、いざ、その方の人脈をみると、なんとも貧弱な場合が多い。

逆にどんな分野であっても、成功している方々は、豊かで、質の良い人脈に恵まれている。そして、人生の店じまいのために、晩年になるほど、山を下る。すなわち人生の下山をするのだから、荷を軽くするために、意識的に人脈を整理されていく方もおられる。それほど豊富な人脈、多彩な人脈がある、ということだろう。

第2章

人間関係で成功するための法則とは

「人間力」が人間関係・結婚を左右する

一年三百六十五日、十年も二十年も、ずっと数人か、それ以上かもしれないが、同じ人脈という方もおられる。それはそれで貴重な生き方ともいえる。しかし、発展性からみれば、どうか？とも言え、人間関係は単なるホウ・レン・ソウという技術論で成り立つのではなく、「人間の総合力」の関係であると、私は「気」の世界、「意識」の世界を探求すればするほど、その確信が深まっていくのを感じている。

仕事上の「報告・連絡・相談」は、正確に無駄なくスピーディーにことを運ぶためには、最低限必要な事務的・知的処理の要素といってもいいだろう。けれども真の人間関係のコミュニケーションは、先ほどの、当人同士が発し合う「気」の共鳴によって成り立つ、と私は定義している。

その上に「ホウ・レン・ソウ」が成立すれば、よりよいコミュニケーションがとれるのは間違いない。

こうしたことの総合を、私は「人間力」と言っているわけであり、結局は、人間関係の良し悪しは、その人の「人間力」にかかっているといえる。

たとえば、結婚を望みながら「結婚」がなかなか出来ない場合を考えてみよう。くどく確認するが、「結婚を望みながら」というのが前提であって、望まない場合は、当然だが悩みはそれほどのことではない。

なぜ結婚できないのか。

※相手への望みが高い（理想と現実的条件）
※結婚相手を探す環境にない
※結婚の条件が現実的に整っていない
※出会いのチャンスがない
※こちらに肉体的・精神的障害がある
※好みの相手に出会わない
※劣等感がある

まだ、理由があるだろうか。

私の理由はたった一つである。

「相手を引き寄せる力が弱い」——ただ、これが唯一の結婚できない理由である。

いかに条件が整わなくても、「相手を引き寄せて」しまえばいいのである。こちら側に
どんな条件があってもなくてもだ。

学歴が自分は高い。いや、学歴はない。

美貌・容姿に恵まれている。いや、全くその逆である。収入がたっぷりあって仕事にも
成功している。いや、その逆だ。

結婚適齢期だけど。いや、婚期はもうとっくに過ぎている。

健康には自信がある。病弱で健康に自信がない……いろいろな立場がある。

どちらの立場であってもいい。「引き寄せの法則」に添って、自分にふさわしい人を引
き寄せたらいいのである。

六十歳後半になってがんになった離婚経験のある女性が、七十一歳で末期がんを克服し
て、その上再婚を果たした事例をどうみるか。

何回か多くの方にご紹介してきたが、「絶対生きてやる」の著者、その人の体験である。

たとえ、この方のような運と能力がなくてもいい。成功気学と銘打った、この「気学」を正しく理解して正しく実践してほしい。

結婚を望むなら、望みどおり「結婚」できる、と申し上げたい。

ただし、十年実践しようと二十年の気学のキャリアがあっても、間違った運用であったり、正しく理解していないとしたら、それが正しくなるまでは、変化がないだろう。

結婚できない多くの場合、遠慮なく一言でいえば、「我」の強さが邪魔をしている。当人に怨まれたくないから、誰も絶対にそんなことを当人に言えないが、これまでそうした「我」の強い女性や男たちに助言して成功してきているから、自信をもって言えるのだ。

「我」の強いとされた、三人の女性の事例をあげよう。気学的方法を使って、見事にそれを解消して結婚。今は幸せそのものの家庭と仕事とを両立させている。

断っておかねばならないのは、「我」の弱い人は、この現実界では成功しにくい、ということ。どの分野においても「我」の強い方が大成功しているのは間違いない。ただし、「我」の強さの使い方が、成功する方の場合は違うということである。

我の強さを上手に使うと「引き寄せの法則」がよく作用し、マイナスに使うと、離反する作用がはたらくということである。

ここでは、そのマイナスの方をみていこう。

「我」が強いことで、特に家庭生活がうまくいかないのは、「ワガママ」「エゴイスト」「自己主張」。この三つを中心に、いろいろなことを派生させるから、相手は困惑するのだ。

誰にも内在するこの三つの要因を、どのように自分で対応し、乗り越えるかが人間力を高めていくポイントでもあるのだが、放置しておくと、成長は止まり破壊的になる。

何を隠そう、かく言う私自身がその典型であった。「ワガママ・エゴイスト・自己主張」……これが、もしモロに表面化すると、あなたはこういう人物を好きになれるかどうか。こういうタイプは、敬遠して遠ざけるのが賢いやり方だろう。人に嫌われて、仕事でも家庭でも成功するはずがない。

実は、この三つの要素がストレートに表面化している場合、それは幼いころから、どこかで大きな剋気（こっき）を冒している、とみるのが気学的解釈である。しかし、そうした気学的解釈ができるということは、その改善法もあるのではないか、となるわけで、当然その改善方法が気学にはあり、先ほどの身近な三人の女性に、それを適用して成功している。

ひとりの方は、一級建築士と結婚し一児をもうけて幸せな三世帯家族で暮らしておられる。今でも家族ぐるみのお付き合いをしている間柄だ。一級建築士夫人として、持ち前の明るさと積極性で家計を担当しつつ、税理士事務所にいた能力を活用して、一途な研究家肌のご主人をサポートしている。

もうひとりの女性はお孫さんが三人もでき、元教師として悠々自適の生活で、今も交流が深く、星風会の活動をサポートしてくれている。

もうひとりの女性は、ワガママな「我」の強い私を抑え、強力にわが活動をサポートしてくれている、妻の枝美佳である。私より二十歳も年下だが、過去世の関係からか、母親の顔が四割ぐらい表われる（スミマセン！）。

このうち、二人の女性は、占いの先生から、

「一生、結婚は出来ない運命にある。だから、仕事を見つけなさい。ま、ボーイフレンドを作る分にはいいでしょ」

と言われ、ショックを受けて落ち込んでしまった。

だが、心配はいらない。自分の運命は自分で創る――のだから、占いで「結婚はできない」と何かに出ていても、もし望むなら、望む方向に運命を創っていくことが出来る、と

繰り返し強調している。

三人と私自身が実践したことは、意識して徹底した計算の上で、「凶である尅気を採る」という荒療治であった。これには幾つかの条件があって、この紙面ではとても解説できない。つまり、「**毒をもって毒を制する**」という方法である。

むろん、一歩間違えると面倒なことになるので、適用の場合には、さまざまな**厳密な計算とアフターケアが必ず必要**になってくる。

しかし、効果は抜群であり、シェークスピアのいう「性格は運命なり」のことばのように、性格の表われが、日々の運命を創っていくのは確かである。

もう一度いえば、この荒療治には、助言者とクライアント双方の正しい理解と協力が必要である。

一般には「好転反応」ですら、この対応にさまざまな戸惑いと反発と不信が芽生えるわけで、それは瞑眩現象・好転反応ですよ、といくらアドバイスしても、日ごろから自分は賢いと思っている人物ほど、精神的ゆさぶりに弱く、せっかくの人脈を破壊するという結果すら招くのだが、荒療治の場合は、祐気量をよく測った上でなければ実行できないだろう。

「毒をもって毒を制す」などというやり方は、双方に徹底した信頼関係が必要であり、しかも、アフターケアをしっかりやらなければならない。

それによって内在するさまざまな毒素がデトックスされ、味のある内在する人柄の良さが自然に生じてくる、といっていい。

さらに言えば、常に自分のもつ価値観が中心であり、基準であった事物への対応が変化してきて、受け容れる能力が増してゆく。いわゆる受容性の広がりである。その受容性は、次のような三段階から成り立つ。

・第一ステップ・受け止める
・第二ステップ・受け入れる
・第三ステップ・引き受ける

非常にシンプルに言おう。初対面から人間嫌いとか、人に敬遠されるタイプは、第一ステップからわかる。挨拶をかわしても、受け止めようとしない。ヒドイ典型が無視される場合だろう。

たとえば、こんな人がいたとしよう。個性が強烈で、自分の存在を何が何でも相手に受け止めさせ、受け容れさせようとして強烈に売り込み、それが叶うと、本人はご機嫌であろう。しかし、相手はやむなく受け止めているにすぎず、内心では苦々しく感じている。それを知らずに、当人だけが気分がいい。ということになれば、ここに永続性のある良好な人間関係は築けるはずがない。

しかし、これが、雇用者と従業員の場合であれば、「賃金」という報酬によって、「我慢し受け止め、受け容れる」のも報酬のうちと割り切ることが出来る。であれば、その利害打算のバランスの上に人間関係は成り立つ。当然ではあるが、利害打算のバランスが崩れると、いわゆる「金の切れ目が縁の切れ目」で人間関係は崩れ去るか、その関係の解消となる。

だが、ビジネスの世界のみに我々は生きているわけではなく、ビジネスにも身をおきながら、ビジネスを離れた世界でも生きているのが現実であるはずだ。

友情とか恋愛とか結婚がそうであるし、さらに複雑さを増すのは、家族・兄弟姉妹から親族の関係に広がり、相続問題などがもちあがってくる。居住地における社会的つながりなど、ビジネスライクに割り切ることのできない複雑さがからむ。

ビジネスライクと言ったが、たとえビジネスにおける取引・契約上の理知的な割り切り方だけなら、我々の悩みは半減するが、それはあり得ない。

職場内の同僚・部下・上司など、タテとヨコと斜めというように、複雑な人間関係のネットを割り切ることは出来ないからだ。


では、こうしたなかで、誰からも好感をもたれる存在の人物は？　と問うとき、やはりそれは必ず存在するはずだ。あなたがそうかもしれない。だからこそ、円満な家庭と社会生活が営まれている。

国際社会に広げれば、一部の局地戦はあるものの、全体として危ういながらも、一応の平和な国際社会が成り立っている。

それは、一言でいうならば、先程述べた**受容性のある人物たち**の存在によってであるといえよう。

逆にいえば、受容性ゼロの人物は嫌われるという単純な事実である。もし、世界がその集合体であれば、利害打算の衝突により、絶えず争いが生じ、拡大して戦争となる。人類は悲惨な二度の大戦を体験しているではないか。

先にふれた、①受け止める人　②受け容れる人　③引き受ける人　を考えてほしい。この「人」のところを、国家という文字に入れ替えてもよい。が、ここでは「個」の話にしぼろう。

初対面のあなたが、もし相手に受け止められずに、出だしから敬遠されたり、小バカにする人を、あなたは好きになれるだろうか。また、人間嫌いな人物に、あなたは積極的に会いたいとは思わないだろう。

初対面から心よく受け止められ、さらに、あなたの意見や存在を受け入れてくれたら、心地良く嬉しいはずだ。のみならず、あなたの考えている問題や課題を知って、「ヨシ、わかった、協力しますよ、やってみます！　全力を尽くしてみよう！」と、③の引き受けてくれる人を、あなたは軽蔑するだろうか。

人間関係の中心点・ギバーの人

延々と、ここまで人間関係のコアになる部分にふれてきた。その中で、人間関係を築くうえで大切な「受容性」にふれたのは、恋愛や結婚にかかわらず、ビジネスであれ、政治であれ、芸術の分野であっても、他者から頼りにされ、好感をもって迎え入れられる共通の要素だからである。

可能なら、わたしたち自身が受容性の三段階までをもつ人間でありたい。もし、あなたの相手が友人であれ、同僚であれ、恋人であれ、受容性の①の「受け止める」ことをしないのであれば、多分、その人物はあなたの友人でも恋人でもなかったはずだ。

もし、その人物が同僚なら、その同僚に心から積極的に協力し、困ったときは手助けしてやろうとは思いにくいはずである。

くどくど述べている。人間関係の中で最もホットな関係が、恋愛であったり、結婚・家庭生活であるとき、この受容性を理解し、自分自身の受容性をいかに広げ深めるかが大切だということを強調してきた。

そして、セミナーで幾度となく強調してきたが、多くがアタマではわかっていても、いざ実生活となると、すっかり忘れているか、自分ではそのつもりでも「無意識」のうちに、排他的雰囲気を発散している。困ったことは、当人がその事に全く気付いてないということとだろう。

Aに対しては受容性が第二ステップまでの自分だが、Bに対しては第一ステップ止まり、という場合が結婚のチャンスの少ない人に多いのも事実である。しかし、いずれにしても気オロジーからみれば、安心していただきたい。どちらも改善が出来る。

複雑な理屈ではなく、単純明解なことがらだが、「自分自身の行為や表現の仕方」は自分では気づかない――このことが、改善できない大きな原因のひとつである。それを「成功気学」の実践は、はっきり気付かせてくれるのだ。

自分でその自分に気付く。気づくところから改善がはじまるわけで、最悪の「わかったつもり」から、ようやく脱出できる。

現実で成功し、人間関係がうまくいっている人の共通点

ここで、アメリカの教授の提案と、日本の百年に一度の知性と言われた博学の作家の提唱をご紹介しよう。

しかし、「もういい、人間関係は家庭から社会生活にわたって理想の状態だ」という方

ならば、ぜひここはパスして、先に進んでいただきたい。

セミナーで幾度となく取り上げてきたので、ご存知の方もおられるだろうが、今一度あらためて取り上げ、私の提案するシンプルな受容性とともに関連づけてお考えいただきたい。

おひとりは、アダム・グラント教授の「人間は三パターンに分類でき、最後にはギバーの人が成功する」というものである。

三パターンの人間とは、

◆テイカーのタイプ
◆マッチャーのタイプ
◆ギバーのタイプ

テイカーは受け取る人、TAKE、取る。収奪するようなイメージが強い。群雄割拠の時代に、知恵と力のある者が次から次へと領土を拡大していったのをみればわかりやすい。

受け取る。貰う。いただく……言葉はどうであれ、与える発想はない。

マッチャーは、イーブン、マッチする。フィフティ・フィフティ。ギブ・アンド・テイク。ちょうど損得のバランスがとれた状態の関係を築く人のことを指す。

多くの人が、これに属するかもしれない。

アダム・グラント教授は、過去一〇〇年以上もさかのぼって統計をとり、分析し、その三パターンに分類した。長期的視野に立って判断すると、究極は、ギバータイプが事業や仕事においいて、社会の様々な分野のトップの地位につき、成功すると結論づけた。

しかし、同時に社会の底辺の立場、一般にいう落伍者にもギバーの人がいて、両極であるという。与える人は「取る人」のいいカモになる可能性があり、「取るタイプ」は、遠慮なく、これ幸いとばかりに「受け取っていく」のだから、与えるだけの「お人好し」が落伍していくのは当然だろう。

毎年発刊している「強運を創る～二〇一九年の展望」にふれたと思うが、中国は世界第二位の経済大国でありながら、ある局面になると「わが国は開発途上国である。従って、規約にのっとって、開発途上国としての特典を受ける権利と援助の資金等々を請求する……」旨の発言が堂々とまかり通っているという不思議さ。日本の大新聞の一部は、こういう点を取りあげようとしない不思議さ。

アダム・グラント教授のいう「ギバー」たる国が存在するのかどうか。国家の場合はまた別の次元のダイナミズムが働くのかどうか、である。意識の科学を追求してきた一人として言えば、リーダー（国家元首）は、構成員（国民）の集合意識の結果であり、象徴だから、我々一人ひとりが、「ギバー」たることが、まずはその第一歩となるだろう…と、つい自問自答してしまう。

ところで、アダム・グラント教授は、ペンシルベニア大学・ウォートンスクールの教授であり、ここはビジネスの世界ではハーバード大学をしのぐと評価され、史上最年少で永世教授の地位を獲得している。

せっかくだから、アダム・グラント教授のことばを紹介しておこう。

「与える人が成功する」というロジックは現象として起きるまでに非常に時間がかかる。

ギバーたるためには幾つかの要件があるが、そのうちの三つだけをあげよう。

1　長い目でみる（時間がかかる）

2　知恵が必要（ティカーにどのように対応するか。お人好しで奪われてばかりいては成功はおぼつかない）

3　ティカーを、どのようにしてギバーへ進化させるかの知恵と工夫などがあげられる。そのほかに、交渉能力や豊富で正確な情報収集、質のいい人脈の拡大などがあげられるだろう。

星風会のメンバーであり、パーソナル・トレーナーで会社社長の八田誠二氏は、三十歳代で頭角を現し、確実に自分の最終目的のために、次から次へと目標を達成していっている人物だが、私がセミナーで展開する内容を、知的理解のみならず、即実践に移す稀有なタイプである。その八田社長が、

「ギバーとして若い人を育てることをやっていますが、ギバーとして続けることの困難さを、痛感しています……」

滅多に弱音を吐かないタイプが、控えめにポツリともらした一言が印象的である。

八田社長のギバーたる実行力は、ご自身の仲間や若いトレーナーを二十名前後も、星風会のメンバーに迎え、一緒になって学んでいるところによく表われている。

自分だけのことを考えるなら、ひっそりと気学やセミナーを受けて実践はするが、友人知人や部下などにそれを伝えようとすることは出来ないだろう。

八田誠二社長は、気学の実践も計画的であり、泣いても笑っても、計画通りに実践する

から、当然その成果や業績もうなぎ登りである。

十人中、八人前後が自分のために「他者を利用」しようとする傾向があるが、ギバーの人は「利用される」ことも喜びであり、「人脈」「情報」「モノ」を与える力をもっている。

徹底したティカータイプは、こうしたギバーに会うと、ホクソ笑むかも知れない。ネギを背負ってカモが来たと思うかもしれない。

アダム・グラント教授は、だからこそ、こうしたヤカラを時に相手にしなければならないために、知恵が必要で洞察力も交渉能力も情報も必要と説く。単純に与えるだけでは、ティカーの奪う力を増幅させるからである。

百二十年前の人が、同じことを主張

アダム・グラント教授は、バリバリの現代人であり、時代の先端を行っている人だ。ところが一八六七年に東京に生まれた小説家・幸田露伴が、アダム・グラントと同じように、過去の事跡・人物たちの行跡から探りだした一つの法則がある。

この幸田露伴が亡くなったとき、のちに天皇陛下の教育担当をされた、慶応大学の学長をしておられた小泉信三博士が次のようなことを述べている。

「百年に一度しか出ない頭脳がなくなった」と――。

「知の巨人」と称され、日本近代文化に偉大な足跡を残し、第一回文化勲章を受章している人物である。

露伴の「努力論」「修省論」にこれから紹介する内容があるが、難解なそれを翻訳し編述した渡部昇一の、現代風に解釈した「運が味方につく人、つかない人」（三笠書房）にゆだねよう。

再三、再四にわたって、わたしのセミナーで取り上げてきた内容であるが、要点だけでも整理しておく。

幸田露伴は、人間を四つのパターンにわけている。

◆有福タイプ／現代では鳩山家か⁉
◆惜福タイプ／徳川家康がこの典型
◆分福タイプ／豊臣秀吉が代表格
◆植福タイプ／望むべきは、これこそ

※注／「ゆうふく、せきふく、ぶんぷく、しょくふく」

幸田露伴は言う。

人間は「有福」を羨むが、もっと羨んでよいものがあることを知らない。と、段階を追って、惜福よりも分福を、分福よりも、究極は植福を目指せ、という。

有福……もうご存知のように、先祖伝来の福を受け継いでいるタイプ。つまり、生まれ落ちたときから、たっぷり「福」のある家に生まれてきている。現代ですぐ思い浮かぶのが鳩山家であろう。

東京は文京区にある鳩山御殿に出入りしたり、一度でも訪れると、一種のステータスになったりする。三十代後半の頃、その鳩山家と同じ区内の自民党議員と親しかったころ、幾度となくその話を聞かされた。やがては総理大臣にと活動していた鳩山邦夫氏（六白金気）は亡くなり、兄の学者肌の由紀夫氏（八白金気）のほうが総理の座に就いた…。パーティー等で、このご兄弟は間近で何回も拝見はしていたが――。

私の周辺の何人かの事業家が鳩山御殿に呼ばれたと言って嬉しそうであったが……。

惜福……幸不幸というのは、主観の判断によるものだから決まった形はない。だが、大まかに幸福な人、不幸な人とを仕分けして観察すれば、と露伴は述べる。

まず第一に、幸福に逢える人は「惜福」の工夫ができる人だ、と断定している。

その惜福とは何かといえば、文字通り福を惜しむことであって、福を使い切ってしまわないことを露伴は指している。

これは、誰でもよくわかるはずだ。いま、この原稿をパリのオペラ座近く二、三分のホテルの一室で書いている。ギャラリーラファイエットから超一流ブティックの並ぶヴァンドーム広場も五分以内の距離。誘惑は多い。しかし、有り金を使い果たすのは、「惜福の知恵がない」と露伴先生に言われる。いや、言わなくとも、この状態ならば、誰だって惜福にならざるを得ないだろう。

しかし、だからといって部屋のベッドメイキングやお世話する方々に、チップをケチることも考えものである。チップをはずむときは、外食の工夫を少しすると、チップ代を浮かせることもできる。

そのため、おかげ様でホテルのスタッフたちとの人間関係は良好であり、日中のレストランは、原稿を書くために自由に使わせてくれ、部屋にこもりっきりに飽きると、明るい静かなホテルのレストランで仕事ができ、飲み物やクッキーや果物もいただこうとすれば自由にできる。

　福を惜しむこと、それが惜福であって、福を使い果たしたり、取り尽してしまわないことをいう。

　いま、ここでささやかな私事を語ったが、ほぼ三カ月のパリ滞在で、お金を使い果たすバカはいないだろう。いやでも帰国までの費用は計算する。しかしお気づきのように、ホテルは滞在中、チップは任意ではあるが、私は必ず渡すようにしているし、枕銭は置く。

　観光にきているのではないため、長期滞在となれば、人間関係の良し悪しが、気分に影響する。早い話が朝食後に散歩して帰ってくると、部屋の掃除が終わり、ベッドメイキングができていれば、すぐ仕事に取り掛かれる。が、ホテルの慣行通りにやると正午近くの順番となり、書いている最中にノックされ、スタッフが入ってきて掃除となったり、もっと後でと言うと、その間原稿に取り組む集中力が途切れてしまうのだ。

　繰り返していえば、ランチの食費を工夫し、それを多めのチップ等に回すことで、頼まなくともいつの間にか先方が気を効かせてくれたり、監督の立場らしいスタッフが、私の部屋の掃除をわざわざ早くするように手配をしてくれる。

　露伴はこうも言う。同書からの引用だ。

「幸運は七度人を訪ねる」という諺がある。つまり、どんな人にも幸せのチャンスは何度かやってくるという。それをこれ幸いとばかり、幸運の調子に乗って目いっぱい取り込んでしまうのが福を惜しまぬことであり、控えめに自ら抑制することが惜福の心なのである。福を取り尽くさず、**使い果たさないことこそ**が惜福の真髄だ。

※　※　※

惜福をケチつまり吝嗇（りんしょく）や倹約と誤解するな、と露伴は言う。

だから、チップの問題以前に、福として滞在しているパリ生活で、福を使い切らないために、何をするか…をつねに念頭においているつもりである。

さらに露伴は、借金の仕方にまでふれているところが、単純な理想論でない面白さがあり、実人生で役立つ。

私事で恐縮だが、いま賃貸の事務所や自宅を含めた所有不動産関係は、北海道・東京・関西にわたって七か所ある。

うち個人所有物件は三か所。これらは、すべて信頼する友人・知人からの借金によって購（あがな）った不動産である。

文芸から理系にわたる、あの天才・ゲーテですら借金のことにふれているが、私は借金するにあたって、自分なりの規律を二点作った。一つは、身内から借金はしないこと。二つめは、必ず利息をつけて返済すること。

「金の貸し借りは絶対にしない」というモットーの方もおられるし、それはそれで立派な信条である。

金でもめるからだし、金の切れ目が縁の切れ目だからであろう。だが、その程度の縁ならさほどの人間関係でもない、というのが私の立場で、事実、この方は面倒だな、モメるな…という方々からも借りたことがある。しかし、貸してくれるというのでお借りはしたが、必要な資金だけれども、使わずに預金をしておいた。

果せるかな、わたしにいろいろな事情が生じ、噂が出たりすると、約束よりも早く、返して欲しいと返還の連絡があったり、第三者を通じて連絡がきたりした。当然、約束の利息をつけて即返金したのだが、あとで露伴の考え方を知ったとき、これでよかったのだと何回も思った。

京都の桂坂の自宅購入もそうであったが、これは別の機会に、その気学的ドラマをより具体的に展開したい。

妻の枝美佳もこうした事には神経質なほど気を使い、身内からの借金や援助がないように心配りしている。

人の口には戸がたてられない、というが、幾つかの不動産を所有していると、「どうせ親から貰ってるんだよ」とか、ひどいのになると、関東のある建築事務所から、「所有しているという、村田さんの名義の物件は、嘘ですよ。そもそも所有できない法的な問題がありますから」と、関西の星風会の有力な支援者に連絡がいっていたりする。

実は、その有力な支援者から、不動産購入について利息付きで借金をしていただけに、その方から遠回しに、物件は登録されているのですか、と訊かれて仰天したことがあった。

「あいつは、女房の実家からお金を出させているんだよ」

「あの不動産は購入したというのは違う、調べるとわかるが売買できない物件だ」

なんていう噂が、有力な支援者に耳打ちされるのは、まさに青天の霹靂である。すべて根も葉もない、それこそフェイクニュースだが、「勘ぐり」好きな人に勘ぐられるのも、尅気であることに間違いはない。世間を見ていると、なかでも身内の勘ぐりほど怖いものはなく、争いとなり、人間のもつ醜悪さが表面化する。

わたしは、そうした法律上の手続きの事にウトイので、本当に法務局に登録されていないのかもしれないと不安になり、仕事の休みをとって妻と法務局に行き、あらためて登記されている登記簿を確認した。間違いなく登録されている。マンガみたいな話ではあったが――。

しかし、法務局まわりをしたその夜、自分の命式を久し振りに調べ直して確認した。やはりそうであった。誤解される。曲解される。邪魔や妨害を受けると命式にはあった。

ノーベル物理学賞受賞の本庶佑博士には申し訳ないけれども、恐れ多くも、本庶博士と同じ命式である。

同じ命式の人はこの地球上に数え切れないほど存在するはずである。同じ命式だから、そのすべてがノーベル賞を受賞するわけではない（笑）。

社会的地位や功績や能力や人柄は、まさに千差万別である。

たとえば一口に乗物と言っても、多種多様である。自転車に始まって、バイク・軽自動車・乗用車・トラックやダンプカーにいたるまで。しかし、「走行する」という共通性や用途によって違うが、乗り心地がいいとか、使用の用途・目的によって、便利とか不便とか燃費がいいとか悪いとかの共通するものは必ずある。

人間の場合もそうである。

本庶佑博士の天才とわたしの凡才とを比較しても意味がないが、名声や名誉や誤解や妨害といったことは、スケールや質の違いはあったとしても、そうしたマイナス面があるところが共通していると言えるのだ。

命式が同じということは、善悪・良否・長所短所などで共通する要素があると判断することが出来る。

その証しのひとつをあげよう。本庶先生より若い山中伸弥先生が、先にノーベル賞を受賞されていて、その山中博士がテレビでこう発言されている。

「本庶先生の前に行くと、今でも直立不動の姿勢をとってしまいます。本庶先生のほうが、はるか先にノーベル賞を受賞されてもおかしくなかった先生です」

なんとも謙虚な山中博士のことばか、とも思うが、本庶佑先生の命式をみると、晩年になるほど名声があがる、と出ているだけに、山中先生のことばが真実であり、もっと早くに受賞されてもいいほどの研究と実績があったことの証左にはなる。

遅咲きの意味ではない。実績も実力も受賞に値するほどのものがあったが、何かの都合で、その実績も実力も評価する方が少なかったとしか言いようがない。それが命式に現れているわけである。

わたしの事をいえば、こうした自分の弱みを消し、能力の向上を図り、さらに正しく評価されるために、二〇一五年に妻・枝美佳とともにオーストラリア・シドニーへ三カ月滞在し、翌二〇一六年に帰国した。つまり、いったん二人の太極を南へ移し、改めて、北である日本へ太極を移したのである。

このとき、**滞在期間中、劇的な不動産の売買と二か所の事務所移転が同時に**起きている。合計一億円以上のお金が動き、成功気学を理解しているはずの方にさえ、「ウソォー！」とまた疑惑の目で見られてしまうだろう。

あなたも実践してみるといい。批判する人は必ず出てくるが、構うものか、悪口でも批判でもさせておくといい。

「**天道人を殺さず**」。もう二十五年も昔のことだが、そのころ擬似宗教団体に様々な妨害に遭ったときの、私の口グセであった。また全く違う件で、「星風会をひとひねりでぶっつぶしてやる！」という人も現れていたらしいが、ご丁寧に、わざわざわたしに教えて下さった方もおられた。しかし、星風会なぞつぶさなくとも小さな、小さな存在だからつぶしようがないだろ、とノホホンとしていた。

小さな、小さな存在だけど、宇宙に広がる壮大な意図……人類の集合意識のアップグレードに貢献する——ことによって、世界に本当の平和と愛が広がる——という理念はつぶしようがないと思っていた。気学がすべてか、と捨て台詞を周囲に言って、星風会を去っていったお方もいるらしいが、平和と愛の実現がすべてであって、手段と目的を勝手に間違えるようなことがあって欲しくない。好転反応の心を理解するには、相当の知性が必要なのだ。

「心こそ　心迷はす　心なれ　心にこころ　心ゆるすな」という道歌もあるが……。

天道に関して、もうひとつ好きな言葉。それが「天は復（かえ）すことを好む」という。

「天道人を殺さず」と対（つい）で、よく口ずさむ。

「天は復すことを好む」ことを知ろう

自分から福を分け与えれば、人もまた自分に福を返してくれるものである。その人が福を返してくれなくてもいいともいえる。なぜなら、天が別の人を介して福を授けてくれるからだ。

形を変え、表現を変えてセミナーでいつも語っている内容であるが、カルマの法則のテーマになったり、天使の十倍返しになったりもする場合がある。このことばでの「復す」とは、返すという意味である。「人を呪わば、穴二つ」ということばは、誰でも知っているだろう。この場合、呪う相手に気付かないほうがいい。気付かずに愛や愛情や好意を送り続けると、本人だけの穴が一つになる。実は、これらの件では、筆が止まってしまう。実際に何人かが亡くなった体験をしてきただけに、この件はここでやめておく。

われわれは、長新太の祐気採りをするキャベツくんでいいのだ。そのキャベツくんが、常に人類の平和や愛を目指し、自分を食べようとする**存在に気付かず、のほほんと好意をもち続けると、**食べようとする相手は、なぜか相手自身が死んでしまう。

天は復（かえ）すことを好む、ということばとともに、キャベツくんを食べようとした存在が勝手に亡くなっていくという実例を、私は幾つも体験したり見聞している、という事だけにとどめておこう。

分福の代表・豊臣秀吉と松下幸之助

アダム・グラント教授の人間の分類三パターンは、過去の事跡を徹底して調査し、現代の事業面における成功者のデータを科学的に分類した結果で、統計学上も説得性がある。

幸田露伴の場合は、アダム・グラント教授よりも、より詳細な歴史的事跡における人間観察による結論を導き出し、しかも分類の仕方に普遍性があって、統計的手法こそ使ってはいないが、誰もが納得させられてしまうだろう。

分福。これは文字どおり、福を分けて与えるという意味であり、分福から、アダム・グラント教授の「ギバー」の精神と相重なるところが出てくる。

分福もギバーも同じ発想と言っていい。

露伴は、人の世を時計の振り子になぞらえて説明する。振り子を右へ動かした分だけ左に動き、左に動いた分だけまた右へ戻る、としている。私がセミナーでよく言うのは「作用・反作用の法則」である。時計の振り子がまさに、その具体例だ。人に福を分け与えたとしたら、必ずそれは自分に返されてくる。

「天は復（かえ）すことを好む」とはこのことを意味している。

露伴は言う。――徳川家康は「惜福の工夫」では秀吉に勝っていたが、分福の工夫では遠く及ばなかったと――。そのために徳川家康が天下を取るのが遅かったとし、理由はいろいろあるにしても、その一つが、秀吉には分福の工夫があったことによる、としている。あるとき、大阪城の緊急のお堀の工事があった。勘定奉行役の大名が、秀吉に業者から相見積をとって検討します、と報告した。すると秀吉は、「ならぬ。差し出された見積り通りに、その業者に発注せよ」と命じた。

業者は驚き、感動し、納期に間に合うよう全力を尽くして仕事に取り組んだという。それだけでなく、秀吉は功績ある臣下に、じつに気持ちよく大禄（報酬）を与えたという。その与え方は、歴史上に例をみないほどだと、幸田露伴は書いている。そして、早々に天下統一できたのはこのためだとしている。

西洋においてはナポレオンがそうであり、よく福を分け与えた人であったという。

ずい分前のこと。私は有名な出版プロデューサーから依頼されて、ある方の名前で、松下幸之助さんの簡単な伝記に加えて、「人間の扱い方」についてゴーストライターとして書いてくれないか、全くご自分の自由な発想と切り口でいいからという依頼があり、「経営の神様」のリーダーシップの極意をテーマに書けるのは、人間の意識を追求する立場からも私にとって有難いテーマであったので、喜んで引き受けた。

松下幸之助さんの人物像や歴史については数多くの本が出ており、それらと一味違う意味で、東洋思想・東洋哲学から焦点をあてることにした。出来上がった本を読んだ松下幸之助さんは、これまでにない新しい視点でいいですな、と評価してくれたと聞いた。

その松下幸之助のなかに、秀吉に似たところを執筆を通じて幾つか発見した。

第二次世界大戦後の、大混乱期に急成長しつつあった「松下電器」（現パナソニック）は経営難に陥る。人員整理が必要となり大量の首切りが役員会で決まりかけたとき、松下幸之助は決断した。

「一人たりとも辞めさせない。大混乱期に辞めさせるわけにはいかない。給料は減らしてもらうが、お互い我慢して乗り切る方策を考えよう」

という主旨のことが、全従業員に徹底して伝えられた。未曽有の混乱の時代を、社員一丸となって乗り切った。

これも見事な分福であろうし、松下幸之助はギバーの人であるだろう。

次のエピソードは、私が聞いた話である。

中曽根内閣の折の、元・官房長官藤波孝生衆議院議員ご夫妻と関空からヨーロッパへ行ったときに打ち明けられたことである。

関西空港の開港のプランはあっても、なかなか資金調達が出来ず、政府も困惑しているときに、中曽根総理と藤波官房長官が、松下幸之助を訪れ、その必要性について説き、協力を懇願したという。

話を最後までじっと深く聞いていた松下幸之助は、世界の情勢からみて『日本に必要だということが、よくわかりました。やりましょう』その一言に端を発して財界が動き、実現したのであった。

松下幸之助が一企業の利益追求のことだけを考えていたら、このような大きな動きは起こらなかったはずだ。常に日本と世界を視野に入れて発想し決断し、行動していたと考えてよい。

晩年近くになって、藤波孝生衆議院議員にお会いするたびに、「松下幸之助さんのような事業家が少なくなりましたなぁ。天下国家より、自分の会社のことばかりで……」

先生の臨終の折には、邦江夫人のお心遣いによって、先生と二人っきりにさせていただいた。文人宰相として大きな期待を各方面から寄せられた大人物だったが、最後まで、青年のような書生っぽさのあった政治家でもあった。

リクルート事件は、ご本人は時代の泥をかぶったといい、政治評論家の田原総一朗は、告別式のときに、「あなたをワナにはめ、落としめた存在を私は生涯許さないだろう……」という意味の激越なメッセージを贈っている。

こうした法難に遭うのは、六白と九紫の剋気を冒した場合である。政界で若くして頭角を現わし才能を発揮し、野党の敵陣営からもその識見と人柄に厚い信頼を得ていた藤波氏。おのれの保身と妬みから、藤波氏をスケープゴートにした輩の一種の罠にはまってしまうという根深い剋気を解消できなかったのが、私にとっての深い悔恨として今も残っている。

一方、中曽根康弘元総理大臣に関しては、青年将校といわれた時代から、演説会に出たりして、その端正な容姿に加えた巧みなスピーチに感嘆した。東京・目白の邸宅から大きな祐気先である元巨人軍監督・長嶋茂雄邸跡に移転している。そのあとから総理大臣の座に就いているはずで、私は気学的関心から、邸宅を見て回ったりもした。

未確認情報ではあるが、中曽根元総理は祐気採りをしていたという噂もある。噂だけかもしれないし、本当かもしれない。

祐気採りとか気学の実践は誰がやってもいいわけで、もしそれを隠さなければならないとしたら、「占い」というレッテル、先入観が世間やメディアやジャーナリズムにあるからだろう。しかし、自然の法則に添った生き方は、逆に尊敬に値する生き方のはずだが、作り上げられたレッテルは、それを許さないようである。

この稿を書いているパリの「フィガロ」紙には、日産自動車の「カルロス・ゴーン氏」のことが写真入りで報じられている。マクロン大統領と仲がいいと言われるが、日本の裁判に批判的な海外や地元のメディアも、ゴーン氏の強欲の深さと裁判の不利な傾向を知ってきたようだ。そしてルノー社からの莫大な退任費用については、国民に不人気なマクロン大統領も困惑気味と報じられている。

松下幸之助と比較すべくもないが、カルロス・ゴーンの行ったのは、「コスト・カッター」の異名をもつ人物らしく、冷酷なほどの人員整理であった。国際的に知られた経営コンサルタントで評論家の大前研一氏は、日産の復活は、ゴーン氏の経営手腕ではない、と明言している。このあたりは、やはりパリで本書の前に書き上げた「強運を創る～2019年の展望」に詳しく触れている。

かなり昔、日産の企業内教育訓練にも一時期かかわったことがあり、日産のことは関心が幾らかはあったが、日産の組織の硬直化または肥大化・官僚化による老化現象においては、カルロス・ゴーンのような人物を必要としたかも知れない。

彼は、アダム・グラントのティカーともいえるし、惜福以前の人物であろうけれども、必要悪であったとも言えそうではある。露伴のいう「天は復（かえ）すことを好む」のマイナスのバージョンである。

奪えば奪い返される。与えれば与え復される、ということであろう。作用・反作用の法則である。人から奪い取ることは、尅気であり、分け与えることは、祐気である。この単純な法則に、実践哲学・気学を文字どおり実践していると、人から説教されなくとも、自らはっきりと認識できる。それゆえ「**気学は生き方の問題である**」と、星風会では常に語っているわけだ。

気学の実践によって惜福も分福も、無理なく自然にそれが出来るところが凄く楽なのである。これは、今のところ意味不明でも心にとめておいていただきたい大切な点である。

そうでなければ、単に自己啓発セミナーなどと、何も変わるところがない。自己啓発書を山のように積みセミナー中毒にかかるほどの向上心がおありなら、そこに**成功気学の実**

践を織り込んでみてほしい。

「わかったつもり」でなく、本当に「わかってしまって」自然に「行動となって表れ」、気がつくと「望みが実現する方向」にわくわくしながら進んでいることに気付くだろう。

植福こそ、どんな時代にも絶対困らない人

わかりやすい解説を、幸田露伴がしているので、それをそのまま前掲書から転載する。

※　※　※

ここに大きなリンゴの木が一本ある。そのリンゴは毎年花が咲き実を結ぶ、その実はおいしく持ち主は幸福である。これがすなわち有福。この実をむやみに多産させないように、木を大切に管理し長持ちさせるのが、すなわち惜福。こうして育った立派なリンゴを独り占めにしないで他人にも分け与えるのが、すなわち分福である。

有福ということは善でも悪でもなく、そのどちらも決めつけられないが、惜福と分福はどちらも喜ばしいことなのである。

※　　※　　※

これまでのまとめとしても、非常に理解できるたとえである。

そのまま、りんごの木を使って解説が続いてゆく。ここの項のテーマである植福について、りんごの木のことを続けよう。

種子を播いて苗木にする。

苗木を育てる。接ぎ木をする。

三つの方法は、どちらも成木にするわけであるが、このどちらも成木にすることに変わりがなく、植福とはこの三つをいう。

そして、その植福の哲学的な真の意味を「天地の生命力の作用を手伝って、人富の福利増進に役立つことをするのが、すなわち植福の基本的な姿なのである」と締めくくる。

ちょうどよく「植福」の解説が出てきたので、ここで忘れないうちに押さえておきたいが、植福の文字のところに、「成功気学の実践」と入れてみてほしい。

あとでふれるつもりだが、別名「量子気学の実践」と置き換えてもいい。それは実践気学であれ、成功気学や量子気学であれ、表現は変わっても、どれも植福になる。

初心者のために、さらに言っておきたいが、この実践哲学・気学のスタートは

九九・九九パーセントが、自分の利益・エゴからスタートする。

私はそれでいいと肯定している。その自己の欲求・欲望・願望の充実のために出発しながら、続けているうちに、惜福の人となり、分福の人と変わり、いつしか植福の人に自然に変身していることに気づく。

できれば、本書の姉妹編ともいうべき「余命3か月　がんは治る病です～西洋医学と実践哲学・気学の活用」（エスクリエート刊）をも参考にしていただけると、筆者の言わんとする事柄がさらに別の角度からも、納得いただけると思う。

インド哲学・ヴェーダの「意識」を探求するところが、私の場合の出発点となって、易経にいたり、現実的効用が誰にもわかりやすい実践哲学・気学にたどりついたのであるが、あれやこれや、気学についての人体実験を自ら行い、それを重ねることによって、そのマイナス面を知り、生命の存続にも影響を及ぼすことに気付かされてきた。

「生命活動への影響」ということは、当然、個人の肉体をはじめとして精神・情緒（感情）知性や諸能力に作用し、その広がりとしての家庭生活から職業を含む社会生活にまで、確実に作用することを指しているのである。

実はそれだけではない。個人の存在が他者や環境へも影響を及ぼす。

たとえば、組織のトップが祐気量を増幅させると、部下・従業員など、トップに連なる組織の構成員にも作用していく。このあたりの理解には、どうしても量子物理学の量子のふるまいや量子のジャンプについての理解がない限り、オカルト的レッテルや宗教的観念の先入観でみられてしまう。

幸田露伴のことばを借りるなら、祐気や気学的な効用は「天地の生命力の作用を手伝って、人畜の福利増進に役立つことをする」ように**自然になっていく**。

人畜の福利増進とか、天地の生命力の作用を手伝う、ということは、個のエゴからスタートしながら、**周囲の他者や自然環境にとって調和と繁栄をもたらす**、という意味である。

その点に着目して、私は自然災害も人災である、と繰り返して述べている。人類の集合的な邪気が、地球環境にストレスを与えて、地球におけるストレス解消としての異常気象が生じ、津波・台風・噴火・地震・山火事・豪雨豪雪となって、バランスをとりもどそうとする大自然の営みである。

幸田露伴とアダム・グラント教授の話にもどるなら、ティカーのタイプより、ギバーの人のほうがエゴが小さい。

惜福から分福、さらに植福とすすむほうが、地球や社会や環境にとって調和し貢献する度合いが高い。

実は、このギバーの人、植福の人のほうがテイカーや単に有福や惜福の人たちよりも、「意識」の面でいえば「意識が拡大」しているのである。何層にも分かれている人間の意識を、わかり易く一応「九層」に分類してセミナーなどで解説してきたが、究極の意識状態を星風会では「普遍意識」と呼び、ヴェーダの関係では「純粋意識」とも称している。

名称が変わっても、究極の意識の状態・場の実体は全く同じである。

老子は、そこを名前のつけようのない場であるが、いちおう「道（タオ）」と呼ぶことにする、と言っている。

その場は、「ゼロポイント」と称したり、量子物理学の立場からも援用されたりするが、私自身が好んで使っているのは、晩年の湯川秀樹博士が研究された「素領域」の場であり、そここそ、意識の究極だろうと思われる。ノーベル物理学賞の湯川秀樹博士は、晩年にその場を目指して、論理化したのではないかと想像している。

その場については、物理学の世界ではさまざまな天才たちが、難解な数式を使いつつ議論を白熱させているが、幸いにして、天才でなくとも、その場を直接体験することによって、知ることは可能なのである。その場のことを最新の科学がブラックボックスとするなら、われわれは人間の特権で、その場を体験するに越したことはない。理論が先にあってもいいが、ないとすれば、理論の完成を待つ必要はなく、まず体験をすればいいのである。

気学の究極の体験は、そこの場でもある。瞑想が目指す場もそこであるが、科学的瞑想法として最近開発されたマインドフルネスのテクニックでは、各種のストレスの解消には効果があっても、到底そこへの到達は不可能と思われる。

なぜなら、マインドフルネスを開発した科学者は、その場を知らないからであり、次に知性で開発した知性の瞑想がマインドフルネスであり、その場は、その知性を超越しなければ達し得ない場だからである。

もし、自由にその場に容易に達することができるなら、瞑想もこの成功気学も捨ててよいと、私は皆さんに広言している。

植福に話をもどすと、その究極の場へのパスポートに当たるのが、実は「植福」である。その理由は非常にシンプルである。「植福」の意図・意味をもう一度思い浮かべてほしい。

露伴のことばを借りるなら「天地の生命力の作用を手伝って……」とある。

われわれは、天地の生命力の作用を手伝うどころか、足を引っ張ったり、もっと言えば傷つけたり、さらに己れの会社と己れのために環境破壊をし、他者を辛苦な状態に遭わせたりしていないかどうか。

調和を乱し、自分の利のために他者を利用して取り尽くすことを、無意識に行う傾向がある。大は国家間、小は個人と個人、会社と会社、さらに環境や自然とのかかわりを一切無視する行為をしがちではないか。

じつは、究極の意識状態、あるいは素領域の場の質は、エゴの対極にある完全調和と共存共栄の愛そのものの質であり、平和とやすらぎと静かな無限の喜びの場である。

とするなら、ティカーの人の行いと、ギバーの存在とが現実界にはある場合、どのタイプが、その究極の場と共鳴・共振作用を起こすか、である。

惜福の人と植福の人とを比べよう。

究極の意識の場は、自我がなく、あなたも私も同質な関係であり、ヴェーダでいう「それは我《われ》なり、我《われ》はそれなり」だから、共に存在する喜びを同時に味わい、共に生きることを同時にたたえ合う。つまり、完全調和の慈しみと真の知恵に満ちた場である。

惜福の人の場合は、ティカーよりはましであるが、植福の人と比べて、他の生命活動や環境や他者に対しての対応は、大きく違うであろう。植福が他者や自然や他の生命に対して積極的に寄与するはたらきかけに対して、惜福は自らの存在の維持であることが主となっている。

とすれば、心理学でいう「対応の原則」がはたらいて究極の場と同質である植福・ギバーのタイプが、共振・共鳴作用を起こして、永続発展する福を得ることになる。

その共振・共鳴作用を、より確実により早く増幅させる方法が「成功気学」であり「実践哲学・気学」または「量子気学」といっている。もし、すでに実践している方、初心者の方、これから、やってみようと思う方は、いまあげた点を、ぜひ頭の片隅に入れておいていただきたい。続けているうちに、これだったのか、こういうことだったのか！　と思わず納得するようになるからだ。

「対応の原則」を理解しておこう

これは、カウンセリングをしたり、ヒプノセラピーをしていると、つくづく普段感じていることである。

対応の原則を提唱したのは、カリフォルニア大学大学院時代から研究し続けてきたパーソナリティ心理学の第一人者のブレント・ロバーツ教授である。

ブレント・ロバーツは、ニュージーランドで数千名の若い人たちを対象にして十数年の追跡調査を行った。このとき集めた若い人たちについて、「敵愾心（てきがいしん）」の強い人とそうでない人たちとの比較をした結果、社会人になった彼らの社会的地位や職業や収入などの格差が大きいことがわかった。

「敵愾心」をもったグループは、ほとんどが社会的地位の低い職業に就いていて、収入も生活が出来るか出来ないかくらい低く、苦労していることがわかった。

その対象群の若者たちは、自分のもつ敵愾心の強い同じ社会人の中に自然に入っていき、さらに自分の敵愾心を増幅させているという結果を得ている。

人は、自分の性格に適した状況に引き寄せられるが、その結果、さらにその特徴が強化される。それが「対応原則」である。

私の場合、仕事柄そのことを幾つもの事例で実感している。

その一つにヒプノセラピー（催眠療法）がある。特にクライアントから要望が多いテーマが、自分の過去世や前世を自分で知るというヒプノシスである。

ところが、これは先入観や本人の思い込みや脳の自動制御装置によって、一回で体験できる人と、七、八回から一種の壁が破れて、主観的体験が出来る人とに、極端に分けることができる。

一般的には三、四回目から、主観的体験ができる。わざわざ主観的体験としているのは、当人の主観による体験だからであり、これに対して客観的体験がある。主観的には何も感じない、見えない、聞こえない、変化がないけれども、あとで現実の生活や行動パターンに変化として現れることを客観的体験と名づけて、私は分けて説明している。

主観的体験のほうが、楽しく興味深く、当人にとってはワクワクする感覚が生じる。場合によって号泣することもある。苦しい感情や否定的な感情にゆさぶられる。それを総称して「感動」と表現したりするが、誤解を招くため、苦しい恨みやつらさで泣いているときに「感動」はないだろうとして、控えることにした。が、いまでも、それも感動だろう、と思っているけれど。

さて、「対応原則」だが、主観的体験のない人に紹介されて、ヒプノセラピーを受けた場合、その方も多くが主観的体験がない。その上で「自分には向いてないいんですね」と、さっさと見切りをつける。これでは可能性を百パーセント切り捨てるのだが、対応原則で紹介者や仲のいい人と同じであるところが納得させられる。当人たちは、それに気付いてもいない。

実践哲学・気学もそうである。気学は方位学ではないと説明しても、気学を紹介した人がそう思い込んでいるために、紹介された人も芯からそう思ってしまう。そのうえ、より深い理解をする前に、自分で線引きをするので、浅い理解のまま趣味的気学の範囲から脱出できず、効果もおもわしくない。これらも「対応原則」である。

好転反応という、よくなるための一時的な反応の三種類三段階があることを知っていても、いざ、その好転反応が出てしまうと、理解が浅い分だけ否定的となり、人によっては攻撃的になって、その同調者が寄り合い、否定性と攻撃性をさらに増幅させていき、周囲を混乱させる。

リンゴの腐った部分が次第に全体に広がっていくのと似た現象である。

「わかったつもり」ほど怖いものはない。

対応原則があるため、最近では、私はさり気なくだが、最初からそういう方が星風会に関わりがないようにすることにしている。

無料セミナー等で多数押しかけてきて下さった聴衆の中に、そういうタイプは、長い体験からセミナー中にほぼ見当がつくようになった。たいてい一人か二人は存在するが、セミナー中に、そういう方を発見すると、全くさり気なく、他の方々が気付かないように、セミナーの話の中に、その方の価値観が絶対許さない内容をすべり込ませるのである。その方が反発し、お前のいう事なんか聞けるか、もう二度と来ないよ、と思っていただけると成功であり、事実、そうして二度と顔をみせない。

セミナーに案内した方には申し訳ないが、しかし、あとの混乱のことを考えるなら、当人も紹介者もこちらも三方がそれぞれ傷つかず、穏やかな解決法だと私は思っている。

ただし、セミナー中に心穏やかならず、反発しながら、しかし、何を村田は言いたいのだ、それが真実なら探求してやろうか——。と、ひとまず自分の価値基準を脇に置いて、成長や進歩に役立つなら、ウザイ奴だが、まあ、もっと深く話を聞いてやろうか……。こういうタイプは、当然大歓迎である。

自分とは反対部分もあるが、ウザイ奴でも聞いてやろう、という受け止める度量がその方にあるわけで、立派な態度といえるからだ。

自己規制をはずして大発展へ

　さきほど、気学のところで、より深い理解のために一歩前に踏み込まず、自分で線を引いてしまうと言ったが、実は多くの場合、これが進歩や成長のストッパーとなる。セルフ・レギュレーション、自己規制である。一見立派に見えるが、動物的欲望のセルフ・レギュレーションは理性的人間として立派だが、多くの場合、才能開発・自己啓発の場合のそれはマイナスである。臆病か何らかの言い訳にすぎない。

「それをやるには自分にはまだ早い」
「私には向いていない」
「そんな能力はあると思えない」
「まだ、準備が出来てない」
「あれが足りない、これが足りないから」
「時間がない」
「体力がない」

「お金がない」……etc

だから、やらないという規制である。「どのようにしたら、それが出来るようになるか」と考える場合と、「出来ない」規制をしくのとでは、雲泥の差である。

前者の発想が祐気であり、後者が尅気である。

今のこのテーマは、自己啓発本や企業内教育訓練では当たり前のように行う必須科目・テーマでもある。ゆえに、この程度の知識は、ちゃんとしたビジネスマンや企業人や自営業の方々は、すでにご存知のはずだ。

だが、わかりやすい内容だから誰でもわかっているが、百人中何人が実行しているか。多くて二、三割、少なくて一割前後。わかっているつもりがほとんどで、実行できないから啓発本は売れるのだ。

ところが、成功気学を実践してみたまえ。

態度がころりと変わる。積極性が増して、セルフ・レギュレーションの規制がはずれる。規制緩和だ（笑）。将来への展望が開けてくるから、自然に「ヨシ・ヤルゾ！」となる。

参考までに言えば、東（三碧）の祐気、南（九紫）と西北（六白）の祐気を採ることで、**展望が開け、どんどん発展成長し、大きなツキを創ることが出来る。**

共鳴したり、反発するのは万物に波動があるからだ。

あなたは、すでにお気づきだったかもしれない。ここまでしきりに、共鳴したりとか引き寄せの法則であったりという言葉を使ってきたが、それが可能になるのは、万物には波動があるからであり、波動抜きには、対応原則も語れなくなる、ということ。

類は類を呼ぶ、とは昔からあることば。かつての方々は、波動計測器がなくとも、感覚と体験と観察によって、それを的確にとらえていたのだろう。

いまや、科学的な立場から、波動の世界が解明されつつある。特に物質の究極を追求する物理学からである。

たとえば、モノを構成する最も基本となる粒子の研究は、物理学の分野で探求され、小学校の教科書にも原子の模式図が載っているほど一般化している。

原子という粒子が、原子核のまわりをまわっていて、その原子核は、プラスの電気を持っている陽子（ようし）と電気をもたない中性子の二種の粒が集まったもの。さらに陽子や中性子も、もっとも小さなクォークという粒子からできていることもわかっている。

その原子核のまわりを、ニュートリノを含むレプトンの電子がまわっている。それの全体を原子・アトムと呼んでいることは、ご存知の通りだ。

と、すれば原子というのは、ギリシャ語の「不可分」を語源にもってアトムという英語で示し、それを訳したわけだが、物質の「最も基本となる粒子」の意味となってしまう。だが、実際はもうおわかりのように、原子が物質の究極の粒子でないことは既にはっきりしている。つまり、原子はその言葉の本来の意味通りの「原子」ではないということである。

現在、宇宙を構成する粒子は四種に分類され、陽子や中性子を形づくるクォーク、電子が所属するレプトン、光などが入るゲージ粒子、さらに新しく発見された「質量の源となる」ヒッグス粒子とされる。

あなたは物理学を専攻されてくわしい方かも知れない。素朴な質問を許してほしい。

物質の究極のことはおいておき、原子核のまわりを電子がまわっている、スピンしているのは永遠に続くのか。なぜまわっているのか。原子核と電子の間、つまり空間はどうなっているのか。原子核と電子を結び付けているのはなにか——。

原子と原子は衝突しないの？　電子と電子はぶつかり合わないの？

わからない部分は、今後の天才たちの研究に任せておいて、ミクロの世界のそれらが、静止または停止した状態でないことだけはわかる。つまり、常に振動《スピン》しているのだ。

ノーベル物理学賞の受賞者の授賞式におけるスピーチ集が一冊の本になっていて、手元においで何回も読んだ記憶がある。その挨拶、スピーチの中で、ド・ブローイ博士を筆頭に、数人の物理学者が、波動についてふれていた。

ヒマラヤのマスターや、その関係者に瞑想を伝授され実修に励んでいるときに、幾度となく「バイブレーション！」の言葉に接した。当然、それは波動のことである。万物はバイブレーションを発していると――。

モノにも空間にも、当然、人体にも波動があるのを体感し、科学者たちの研究と併せて照合してみることを繰り返すうちに、アメリカ・日本・ドイツ・ロシアと相次いで波動計測器が開発され、一時期、米国のユダヤ系の青年ロナルド・ウェインストックの波動計測が大きく話題となり、日本に普及していった。

ロナルド・ウェインストック氏にも会ったが、前後して中根工学博士が独自の計測器を開発され、ちょっとした波動ブームが起きた。

わたしは縁あって、米国製と日本製の両方の機器を使って、物質・肉体・精神・情緒・木火土金水の五行の気から天の気十種、地の気十二種、人（じん）の気九種類の気エネルギーの波動を計測し、形・色・材質・心の状態に波動が反応することを確かめた。

調和とか愛とか憎しみといった精神の発する状態もそうである。
星風会の波動カードは、そうした過程の中で開発・誕生したものだ。

波動の六つの性質

そのころ、飛ぶ鳥を射落とす勢いの経営コンサルタント・船井幸雄氏がしきりに波動の世界のことを説いて、経営や人生への活用を促していたことを思い出す。

有り難いことに、船井幸雄先生には生前何回かお目にかかり、拙著の推薦文や、先生の著書の中で何ページかにわたって、私を取り上げて下さっていた（その後、削除された可能性もあるが……）。

その船井幸雄先生が、波動の質について述べた項目に私なりのアレンジをした六項目をあげておこう。

一、　万物には波動がある
二、　波動は伝播する

三、　波動は干渉する
四、　波動は共鳴する
五、　波動にはフィードバック作用がある
六、　高波動は低波動を高波動化する

あなたは、もうピンときているはずだ。

実は、成功気学は、祐気も剋気も波動抜きには語れない質をもっているということを——。気は波動であり、その波動は意識によって左右されるし、波動は意識にも作用する。すなわち意識と波動は相互作用があり、波動でもある気は意識とまた相互作用をする。

さらに大胆にいえば、意識・気・波動は一体であるとも言える。さきほどの原子の模式図のイメージのように、原子核は中性子と陽子の粒子のかたまりで、そのまわりを電子がスピンしている、と個として取り出して説明できるが、それができないのが、意識・波動・気の一体化なのだ。

いわば、量子の世界に似て、粒子かと思えば波であり、波かと思えば粒子ともなるのと同様、意識は波動でありながら気に姿をかえる。気かと思えば波動でもあり、意識にいつの間にか変身している。

しかしあなたが、それはイヤだ。はっきり分けたいというなら、それでも構わない。が、これだけは言える。気も意識も波動も、ともに深く相互作用があると――。

なぜか。

祐気効果をみればわかる。尅気の作用をよく観察するとわかる。ここでは、先にあげた波動の六項目を、もう一度よく見ていただきたい。

波動は伝わる。私たち自身がいい波動を発する存在であれば、周囲に波動を伝え、相手はそれを受け入れるか、反発するか、なんでもないか、のどちらかとなる。

ただし、相手はその波動を意識は出来ない。音もなく、見えないし、匂いもないし、形もないからだ。ただ無意識に、身近な人はそれを受けている。共鳴するか、干渉するかは、当人同士の波動の質と強さに関係する。

良質で高波動ならば、確実に相手にプラスの作用を及ぼしている。また、これは何も人間だけに限ったことではない。あなたの部屋があり、あなた自身が常に良質の高波動を発する存在なら、その部屋の壁・床・天井・柱や置物などにもいい作用を及ぼしている。

我々が訪れた家や建物やオフィスなどが、すごく居心地がよかったり、逆に、ぞっと寒気がしたり、いやな気分になるのは、その家や建物が発している気がさせている。

よくいうパワースポットとは、いい気を発している場所の波動のことである。

世界各地でチェックしているが、観光ガイドのパワースポット巡りには、嘘が多い。ガイドが意識的にウソを言っているのではないだろうが、彼等が感じる能力が弱すぎて、パワースポットだとして観光に使っている場合が多い。

毎月、ハワイに通っているときに、パワースポット巡りに何回も参加して確かめたが、七割前後は「違うな」と思うところがあり、一か所などは、パワースポットの名残はあっても、波動の消えていた場所もあった。

次の月にハワイに行ったとき、何気なく新聞を開いたところ、昔の由緒ある高貴な遺跡を掘り起こし、別の安全な場所へ移動したが、すべて整地されるまでは、六カ月くらいは非公開、という記事を読んだ。高貴な遺跡が埋まっていた場所を、パワースポットとして、それまでガイドは案内していたのである。

しかし、遺跡が移動されたあと、名残はあっても以前ほどのパワーはない。さらに後日談だが、東京の友人が、ハワイに定期的に行く私に、その月だけ同行してパワースポット巡りをしたとき、私は例の高波動の移転された昔の高貴の遺跡の埋められた新しい場所を発見した。その発見には、友人も同行していたから、彼が証人になってくれるはずだ。

ホテルに戻り、そのことも新聞で知ったことだった。

古来から、ある種の貴金石には神霊が宿り、人を癒やしたり、幸運を授けたりする、という伝説があるが、私の立場から言えば、共通しているのは、それらが高波動を発しているという事実である。

しかも、人間の臓器にプラスに働く貴金石もある。各臓器ごとに異なっている場合が多いし、万能の貴金石は少ない。

その波動の質によって癒しの種類や、幸運の種類を引き寄せるものと考えている。


成功気学でいう祐気採りは、間違いなく我々の心身を高波動にしてくれる。高波動化した分、免疫力がアップし、ストレスは解消され、能力は向上するが、いずれ、そうしたことをまとめて発表できればと思っている。

尅気は、逆に心身を低波動化する。いずれにしても、この世は気がつこうがつくまいが、共鳴し合ったり、干渉したり、ことばやスマホや科学技術を使わなくとも、無意識のうちに、プラスやマイナスのフィードバック作用をおこなっている。

幸運な人、強運な人は、幸運な人、強運な人との交流が多い。
「対応原則」は、それを心理学的にとらえた法則である。
ごく身近な例をあげよう。

祐気の女の子（３０７０ｇ）誕生

パリ滞在中、二冊目の本を書いている最中に、大阪の八田誠二社長から、「一月二十一日、無事誕生しました！」という連絡が入った。光栄にも名付け親としても待ちに待った朗報であった。

気学的なことを、ご夫妻にアドバイスし続けて、無事に産まれた祐気の子だ。

八田誠二氏が星風会のメンバーになられてからの成功気学をはじめ、東洋哲学や様々なメソッドとその実践の取り組み方には、目を見張るような真剣さがあった。

熱心さに比例した理解力の深さにも驚き、しかも多忙な活動の中で、勉強会や各種セミナー参加のために、よく時間の調整ができるなと感動もしていた。ある時つねづね気になっていることを訊いてみた。

「よくお時間が調節できますね。奥様は気学の実践などにご理解はあるんですか」

「ハイ、反対はしていません。けれども、彼女自身が学ぶとか興味をもつとかは、ないと思います」

という意味合いの返事か返ってきた。

「そうですか。どうぞ無理強いとか、強く説得とかはなさらないで下さい」

「ええ、それはしません」

「八田先生が、ここで学んでおられることを実践して続けていけば、八田先生の発する気が変わり、それにつれ、現実世界が変わります。宣子夫人が敏感な方なら、必ずそれを察知しますので、それまでは、黙々と実践して、八田先生ご自身の存在自体が祐気を発するのを奥様がわかるまでは、そっとしておかれることでしょうね」

「ええ、そういう風に理解しています。当分は、祐気採りやセミナーで学ぶことの実践を黙々とやるつもりです」

それから二年目だったか、三年目だったかと思う。ある時、アスリートとして活躍している宣子夫人が、何回も尅気を冒して、海外遠征から帰国したあとだったと記憶するが、八田誠二氏が宣子夫人の「中和化」を依頼されてきた。

喜んで引き受けて、中和化に来られたのが宣子夫人との初対面であった。お目にかかるなり、内心、ああ、よかった、この奥様は「気」の感受性が鋭いはずだと感じた。美形だが、可愛らしさもある。

中和または中和化、というのは、冒した尅気を、生気または精気あるいは純度の高い宇宙からの気エネルギー……つまり祐気をその方の心身に満たしてさしあげ、尅気を中和しようとする方法である。

波動の探求をしているときに体得した方法であり、気功家が肉体の鍛錬によって「気」を出す方法と違って、自分の深い意識の状態から、**自分の気エネルギーではなく、宇宙に遍満するプラーナというか純度の高い気エネルギーを対象に注ぐことである。**空海によって開発された方法ともいうが、星風会ではＯＲＳ（オーアールエス／オーガニック・リレーション意識気功）と名付けて、誰でもある程度の「気」を動かすことが出来る方法を提供している。

一般に言う「レイキ」と形やスタイルは似ているが、かなりパワーが違うはずである。なぜかといえば、純度の高い宇宙の気エネルギーを動かすからだとしか言えない。他でレイキを受けた方々が、こちらで学び直し体得して、そう評価して下さっているからでもある。

宣子夫人の中和化は一〇分から一五分で終えたけれども、初対面でお会いした瞬間の私の直観は正しかったようで、すぐに彼女は反応し、気の通りを感じ、それを控えめながら、言い当ててもいたのである。

それ以来、尅気で行った海外遠征のたびに、八田社長に付き添われて中和化に見えるようになった。中和化をしていると、気の通りのいい人と、そうでない人とではかなり違いがある。宣子夫人は気の通りがスムーズで、さすが国際大会まで遠征するアスリートだけあるなと、スポーツ音痴のわたしは感動する。

米国のメジャー・リーグに行く前の、当時、ロッテに居た西岡剛選手も敏感であった。チクセントミハイ心理学博士のいう「フロー状態」に入りやすい一流のアスリートで、私のヒプノセラピーも受けられ、含めて数回はお会いしている。

気の通りがいい場合、宣子夫人も西岡選手の場合もそうだったが、本人が忘れていても、気を送っていると、ちょっとした過去のケガ、古傷もわかることが多い。その部位の気の反応が違うからである。

宣子夫人の気への反応の良さは、ご主人である八田誠二社長の発する祐気と共鳴作用を起こして、まずは「中和化」で気の体験をして、「気」の存在の確認からはじまった。

それからは、宣子夫人の探求心は深まり、成功気学への理解とともに、ご夫妻で他のメンバーとともに、毎月、定例の勉強会やセミナーに参加されるようになった。

こうした八田誠二・宣子ご夫妻の示す、心理学でいう見事な「対応原則」の型は、私たちに大きな勇気とやる気を与えてくれる。

星風会では、ご夫妻、ご一家、親子、つまり、ご家族でそろって、気の勉強と修得を楽しんでいる場合が多い。一人の高波動が次から次へ伝わってお互いに高め合うからである。

もう一度、波動の六種類の特長を確認していただきたい。

一人で実践するよりは、複数のほうが、絶対的なパワーを発揮する。いわゆるシナジー（相乗）効果がある。一プラス一は二ではなく、三にも九にもなっていく。

祐気という気は、剋気もそうであるが、形も色も匂いもない。目に見えないが、確実に作用する。電波も見えないが確実に存在し、受信装置があるならそれに作用する。

祐気は環境の波動を高めるが、剋気はマイナスの波動と共鳴する。目に見えないそれらが形となったとき、事故であったり、争いであったり、不運やツキが落ちた状態となる。

出会う人が、いやな人とか、不幸な人とか、意地の悪い人とかを引き寄せてしまうともいえる。類は類を呼ぶのだ。

このように形に現れると、我々は誰でもそれを知ることが出来るということだが、出来るなら事前にそれを解消しておいたほうが賢い生き方ではないだろうか。

占いの先生から、あなたは結婚できない運命だから、と言われた看護師の手記をそのまま転載しよう。（村田昌謙・編著「強運を創る〜2018年の展望」P80〜83から転載）

結婚できた喜びと気学

—縁遠い、結婚ムリといわれたのに—

小田川　みどり（36）

やはり、最初は信じられませんでした。

新婚旅行に旅立って、飛行機で並んでシートにすわって、ホッとして、しみじみ、結婚できたんだ、とつくづく思いました。

お見合いすること八回。その間、恋愛めいたこともあったけど、なぜか、結婚に踏み切る事が出来なかった私。


父が早く亡くなり、母と私だけの生活。看護師として働きながら、ある病院で青年医師との三年のおつき合いのあと、結婚寸前にその医師に新しい女性が現れ、彼はあっという間に私のもとを去っていきました。

同じ職場に居れない状態で、別の病院に移りました。そこでも、結構、いろいろ誘惑があったりして、なかなか家庭をもつ相手が見つからなかったのです。

そんな折、幾つかのお見合いの話もありました。けれど、なかなか、一長一短で（？）うまく、前進しません。

（中略）

そんな時、ご紹介する方があって、星風アカデミーの村田先生にお会いしたのです。

先生いわく。

「ご結婚できますよ。ただ、結婚と家庭の命式のポジションにある気エネルギーが弱いんですね。そこを補強すると、つまりいい気エネルギーを満たすと、ご結婚できます。万物は気によって成り立っていますから」

「うれしいです。でも占いの先生が、わたしの名前が悪いと言っていて縁遠いと…」

「うーん、お名前の運命への作用は20％にも満たないですよ。それより、全身にいい気エネルギーを充満させることですよ。

具体的には、恋愛と結婚のリズムを破壊する過去の動きを、これから改善して、祐気的行動をとれば、結婚できます」

わたしは、以前、占い師に結婚はあきらめて仕事で成功しなさい、と言われたことを、打ち明けました。

すると、村田先生は、それが望みならそうなさるといい。でも、仕事も結婚も両方を手にしたいなら、そう出来ます、とキッパリいわれ、私の顔をじっと見ていました。

思わず、両方とも手にしたいです、と反射的にこたえていました。

それから、村田先生のアドバイスを受けて、地理風水総合基本講座を受講しながら、さらに、気学セミナーに出たり、実践を続けてきました。

すると、なんということでしょうか。長い間悩まされた腰痛が治りました。村田先生はその腰痛の大半は、精神性からきていて自律神経が整ってきたこともあると解説されて納得です。

病院での人間関係がすっかり改善され、とても居心地がよくなったのも、祐気効果というんでしょうか。

病院の事務長のご紹介で、薬剤師さんとお見合いしました。再婚の方でしたが、私にとっては、理想的でした。

今度こそ、「判断ミス」を積極的にしようと思って（笑）、プロポーズを快諾したのです。

村田先生は、「自分の運命は自分で創る」とおっしゃってましたが、主人は、独立を目指しているので、落ち着いたら、村田先生にご紹介しようと思っています。

しあわせ、いっぱい！

心から、感謝申し上げます。

※　※　※

次の実例はどうだろうか。パーソナル・トレーナーとして大きく飛躍しつつある長野憲次氏。八田誠二氏の紹介で星風会のメンバーとなり、気学の実践によって、本来の才能がぐんぐん伸びてメディアにも登場しつつある。

私の祐気が父に作用した！

美プログラム代表
パーソナル・トレーナー　長野憲次

村田先生　ご報告させてください。

障害四級で、まともな会話ができなくなっている父親でしたが、昨日、父親に会いに実家に帰ると、「憲次」と名前を呼んでくれただけではなく、普通の会話ができました。

これまで言いたくても言えなかった父親への感謝が自然に言えて、父親もそれを受け止めてくれて、本当に嬉しかったし感動してしまいました。

ここ数カ月の間、まともに話したことがなかったので、隣にいた母の方が、こんなこともあるんだ！　とビックリしていました。

僕も一瞬ビックリしました。しかし、ああこれは、国内はじめ北欧や、先生とご一緒した南アフリカなどの祐気採りの効果だなぁ…と冷静に気付くことができる自分は、少しは進歩できたかなと思います。

いつもありがとうございます。

追伸。カウンセリングをしていただき、ありがとうございました。気学を土台にプランをたてていくと、人生がムダがなく、とてもシンプルになる気がします。しかも、シンプルになった分、自分の人生の目的を深く考えることができるんだなぁと実感しています。

有難うございます。

※　※　※

この体験の面白いところは、障害をもつ父親のために、特別に長野憲次氏が祐気採りをしたわけではない、ということ。しかし、家族や友人・知人との絆が強いほど、誰も気づかないが、祐気の作用、影響があることを理解しておいてほしい。やがて、祐気の質量が高まるほど、周辺から環境へ調和の波動が広まっていくという事実も知っておいていただきたい。

もうご存知のように、祐気も尅気も時空間を超えて伝わる。目に見えたり聞こえたりするならわかりやすいが、五感でとらえられないので、こういう勉強をしたり、祐気や尅気の意味を理解して体験することによって納得できる。

八田誠二・宣子ご夫妻も、ことばと理屈でなく「気」の交流が先であって、しばらくしたあと、それを土台にした「ことば」と「論理」が展開されたわけである。

占いとの違いをはっきり知ろう

看護師さんの小田川みどりさんの結婚問題も同じである。

占いの先生からは、結婚できない運命だから、手に職を…と勧められていた。

何回かの恋愛、八回のお見合いなどとともにそう結論づけられると、誰でも気落ちする。

しかし、幾度も繰り返すなら、「本人が本音で結婚を望むなら」結婚は出来る、というのが私の立場である。

なぜなら「意識」が運命を左右し「運命を創っていく」からである。

占いが運命を創るのではない。占いは占いの役割があるだろうから、占いが悪いと言っているのではない。占いは占いの価値があるからこそ、占いは永遠になくならないだろう。ただ、強調しておきたいのは、自然の法則と占いの違いをはっきり理解して、使い分けることをおすすめしたいことである。

ＩＴ関係の若い人たちとよく話すが、十人のうち九・九人が、「調べると、占い人口は凄いですよ。うまくプログラミングするとイケます！」と言う。

気学は、自然の法則の一つであり、生き方の問題だという私が、実践哲学・気学を占いとして割り切ってしまうなら、とっくにＩＴ関係者と組んで億万長者への道を突っ走っていただろう。

およそ三年がかりで、関西のお世話になったある組織において、「相性」のプログラミングを完成させているが、人間の交流分析の一種として、人間関係の改善に役立つプログラミング化なら積極的にやろうと思ったまま、今日にいたっている。

金儲けは出来ても、法則として確立できないなら、屋上屋を重ねる必要はないだろうと、どうしてもそう思ってしまうのだ。

では、占いと自然の法則の一つである気学との違いはなにか？

占いは「結果」を告げる。成功気学は、自然の法則の一つであると繰り返してきたが、占いと違うのは、決定的な「結果論」重視ではなく、「条件」と「過程」とによって「結果」は違ってくるという立場をとることだ。結果という目的があるなら、そのための条件づくりをし、結果（目的）を生む原因をつくっていくことになる。

望む「結果」があれば、その結果を得るための「条件」を整えなければならない。それだけでなく、結果（目的）へ歩む過程（プロセス）のチェックもあったほうがいい。それがフィードバックだ。

美味しいリンゴが欲しいなら、そのリンゴの「種子」をまかなければならない。そして肥料と水と太陽の陽ざしがよく当たる工夫をし、その成長のプロセスも大事にし、必ずフィードバックで調節をしつつ、進展する。害虫や暴風にやられないように。

成功気学は、それらのすべてに大きな力を与えて援助して、予測通り（計画通り）の世界（目的）を獲得する。出発地点から、常に先が見えているのである。

占いはどうか。

その山に行くと、青いリンゴが手に入るけれども上質ではない。左の山に行きなさい。

そこには、甘いリンゴの木があるはずだ。

占いの先生のことばが「当たった」なら、こんなハッピーなことはない。今度は、桃の事で占ってもらう。桃もぴったりだった。……確かに幸運だ。これが繰り返されると実力ではなく、射幸心だけが膨らんでいく。

しかし、もし結果がはずれたら、どうするか。

もう一つ。フィードバック機能がないことだ。常に重大な事柄の判断を、その都度「占い」に頼ることになり、実力は身につかない。だから、こういうセリフが発せられる。

「バカモン！　占いなんかで、この大事業の方針がきめられるか！」

「なんたることだ。占いで政治をどうのこうのするとは……！」

「占いで、そんな数億もの物件を買うのかね！」

発言者のいうことは、もっともなことだ。合理的・総合的に判断し、経験値や過去のデータや現状分析の上にたって、結論を出すことなく、もし「占い」によって大きな決断を下すとすれば、誰だって二の足を踏む。

戦国時代。生き残るためには、敵を倒して勝つしかない。勝ち続けているさる高名な大名に聞いた。

「勝つためにはどうしたらいいのですか」

「命は一つしかない。ゆえに、勝つ戦だけをすることじゃ！」

といって豪快に笑ったというエピソードがある。確率的には生命を落とすだろうという戦をしていたら、命が幾つあっても足りないだろう。やめる勇気・逃げる勇気も必要であろう。

明治維新・大動乱のとき、「逃げの小五郎」で有名だった桂小五郎。明治維新の三傑と称されたのちの木戸孝允である。度量があり高い識見で、時代をリードしたと言われる。

生命のやりとりをする大混乱のなかで、意地を張ったり激情にかられたりして、先見性と洞察力がなければ生き残れないときに、成功の確率の見えない条件を受け入れる人はいないだろう。

占いは、このように結果だけを見る。実践哲学である成功気学というのは、賭けのような確率ではなく、一定の法則の活用であり、**原因から結果までを管理するシステムである**。その途中には、フィードバック機能がある。これを「占い」と同類にするのは「占い」側も迷惑だろう。

気学でいう原因というのは、非常にはっきりしていてわかりやすい（わかりやすいというのは理屈面ではの意）。祐気的生活や行動であればそれが原因となって、象意として途中で身近に現れ（普通は、せっかく兆しが現れていても気付かない）、やがて、六種類のうちのいくつかの周期（リズム）によって、それが目に見える形として現れる。それが顕現、または「現実化」である。

種まきから実りの現実化までの現れ方が六種類あると言い換えてもいい。占いとか方位採りのことしか考えない人だとすれば、この六種類がからみ合ったり、二つ三つ重なり合って、現実生活に顕現することが理解しがたいはずである。それが法則であるから、事前に正確に予測できるからこそ、的確なタイミングをとらえて、チャンスをものに出来る。

プロポーズのタイミング
契約上のクロージングのタイミング
開店のタイミング
見合いのタイミング
借金申込のタイミング
移転のタイミング
子づくりのタイミング

新築、改築のタイミング
………ｅｔｃ
種子をまく時期、発芽、成長、実り、収穫の時期という天の機（とき）というリズムがあるのは、誰でも知っている。

人生でも同じなわけだが、なぜか、実っていないのにもぎとろうとしたり、種子をまく時期に、全く別の事をしていたりする。

結果を早く求めすぎたり、衝動的に動くので、タイミングがすっかり狂ってしまうのだ。

さきほどのパーソナル・トレーナーの長野憲次さんの追伸を、ちょっと見直してほしい。短くこう書いている。

「気学を土台にプランをたてていくと、人生にムダがなく、とてもシンプルになる気がします」

なぜ、ムダがなくシンプルになるのか。理由は幾つもあるが、一つは先が見通せるからである。前にもふれたが予測が出来るのでプランがたてやすく、フィードバック機能があるので、状況・社会の変化に応じて、プランを短い目標の区切りごとに、微調整をすることが出来る。

再度いえば、「先見先知」のシステムが成功気学のユニークさの一つなのだ。将来の展望ができ、先に何が起こるかが見えてくる、先に知ることができる。そのために「現在・只今」をどのようにするかの対応がとれる。

ここで大切なことは、「先見先知のシステム」を使いこなすコツ、ポイントである。それが「**象意を読む能力**」である。祐気がどうの、剋気の方位はどうのという「方位学」のみを知って、気学をマスターしたと思うのは錯覚にすぎないし、一部分をかじっただけである。

方位を知って旅行に行ったり引っ越したりする程度の実践を、私は「趣味の気学」と名付けている。

なぜ「趣味」がわざわざつくのかと言えば、趣味である限り実用性は問われないからだ。楽しく、面白く、幾らかストレス解消になればいい。

しかし、病弱の改善であったり、能力を開発・向上させたり、事業の発展を図って、社会に貢献したいとする成功気学は、趣味を一部に含みつつも、人生全般の改善・向上に役立つ法則であるのだから、そのはたらき・機能をわれわれの幸せのために、小さく閉じ込めたり、制限をしてはならないだろう。

第３章

気学を人生の願望成就に活かす

人生の成功気学と趣味的気学の違い

機内のビジネスクラスやらで、声高に主婦たちが楽しそうに語る、平和で幸せそうなシーンを幾度となく見聞している。ビジネスクラスだから一般の方よりは裕福なのだろう。

「そうよネ。アンデスとかさ、イースター島とかよね。もう今ごろ、パリ、ローマなんてネ、初心者が行くところでしょ！」

「あなた、もう、いろいろ行き過ぎて、どこ行っても面白くないんじゃない？」

「そんなことないわよ、まだ、天国と地獄には行ってないもの、ハッハッハッ」

と会話が続いたあと、孫の病気、ご主人のアルツハイマーやら、「○○さんのご主人、事故を起こして大変だわ。それより、聞いたかしら、Hさんたち、方位採りから帰国したとたんに、熟年離婚だってさ。……え、なに？　息子夫婦も別居だって？　……遺伝よ。遺伝、カルマの遺伝なの。あの家系ってさ、ガンと離婚の遺伝家系よ。……そう、そう、こればっかりは、気学の方位採りも役にたたないのよね……！」

はぁ、そんなもんですか、とこちらは恐れいって聞いてしまって耳をふさいでおけばよかったと思いつつ、このネタを使えないか。近くに綾小路きみまろさんは居ないか、キョロキョロしたくなる。

ゆとりのある方々の趣味的気学の典型であり、どこかの国に行くとき、機内やラウンジでよく遭遇するシーンである。

もちろん、趣味的気学であってもいい。ただし、趣味的気学だからご本人たちは気づかないままに、「がん発症」や「アルツハイマー」「離婚」という人生の重大な局面では役に立たないと思い込んでしまっている怖さがある。

それを逆からみれば、がん発症や離婚の原因が、法則にそって顕現する前に、自分自身で作っていることに気付かないことになる。

人生の出来事（ライフサイクル上の一切の現象）と、気・意識・波動とは全く無関係で、あるいは一度もその相関関係を考えたことなく、ごく素朴に「占い」として「方位採り」をすれば、「何かいい事が起きる」という発想をもつ人たち。時間とお金にゆとりが出来ると仲間と連れ立って、吉方の国々へ出かけていく、ということだろう。

それはそれでいいし、高級な趣味として認めたい。それらを私は、早くから趣味的気学と称している。

趣味だから、何のために気学を実践するのかとか、才能開発・医療・仕事上の成否、人間関係の改善、社会貢献、環境改善といったことへの実際的活用については、ほぼ念頭になくてもいいのである。実利がなくとも、心豊かに楽しめるといい。誰にも迷惑はかけないだろう。

しかし、この本で強調する成功気学の実践は、断言しておくが、趣味を通り越し、自分だけでなく周りにもと意識すれば、いまアトランダムにあげた人生上のそれぞれの課題に、確実に実用的効果を発揮していく。さらに潜在能力の開発と環境や社会にも調和の効果をもたらしてゆく。**すなわち、祐気による「個」の幸せは、「全体」の幸せへと無理なく波動・波及していく。**

離婚というのは、最もホットで身近な人間関係のこじれであろう。家系的遺伝的カルマの問題もあるが、それをそのままにしておかずに、改善できるのだと、繰り返している。

わたし自身のことで恐縮だが、幼いころから虚弱体質で、二十代前後まで二十分間も同じ姿勢がとれないほど疲れやすく、三十分、四十分と続く勉強や作業は、とても不可能であった。すぐ途中でゴロリと横になるか、どこかにしゃがみ込んだりしなければならなかった。当然すごく飽きっぽくもあった。成人して、出版・編集をしたり、一時期大好きな映画製作、ドラマのシナリオを書いたり、ＣＭすらつくるようになったが、その大好きな映像・ドラマも、同じ姿勢で二十分も見ていると疲れ果てて、横になったり、ぐずぐずしていた。

あなたにぜひ、これから書く私自身のことを許していただきたい。

そんな虚弱体質だった私の変化のことである。

今、昨年の十二月二〇日にパリに来て、本日二〇一九年二月九日で、ホテル滞在五一日目。その間二冊の本、四〇〇字詰原稿用紙約七〇〇枚をすでに書き上げて、東京の出版担当者に送り、本書三冊目の半分以上の枚数を書いている最中である。あと約一五〇枚を書かなければならない。

四〇〇字のマス目に手書きで文字を埋める原稿書きは、集中力を極度に必要とする地道な作業であり、根気とそれを支える体力がなければできない。才能あふれた高名な作家や小説家でさえも、数カ月かけて一冊の作品を書き上げると、体重が何キロも減るという。

もっともそういう方々と同列に並べることは非常におこがましいことであり、もとより作品の質や内容は比べようもないのだが、拙劣で幼稚な内容であろうとも、それに費すエネルギーは同じである。

持続力・集中力・構成能力・想像力と創造性ｅｔｃ……は、誤解がないように繰り返すが、天才であれ凡人であれ、質の違いはあっても、無から有を生む作業自体は同じであり、体力・視力とともに脳のエネルギーの健全な維持なども、書き続ける前提となる。心の状態もふくめて、どれか一つの要素でも変調をきたすと、原稿はストップしてしまう。

なんと、あの虚弱体質の私でさえ、かくの如くヘンシンして、書き続ける能力が生まれた、という事実を、あなたにお伝えしたいのだ。

もうおわかりのように、周囲の理解のない方々からは、いろいろ冷笑されたり小バカにされながら、虚弱体質・能力開発・人間関係改善などの諸問題の改善のために、成功気学の理解とその実践を重ねることで、それらの改善が実現できたことを報告したいのである。まして、才能も体力もある若いあなたが、これらを実践なされば、どれだけの変容・成長があることか！

おぼえておられると思うが、前にも少しふれたように、ある時期まで、意識的に剋気を冒すという人体実験を自分自身を使って行ってきた。

病気・人間関係の失敗、三回の離婚、職業的遍歴、経済的ピンチ……などなど。

しかし、思いがけない栄光も、経歴もご覧になればおわかりのように、幾つかある。

そうした実験と先人たちの教えの結果の一つに、大きな祐気も剋気も六十年続くということ。しかし実際は、まだ遠慮しての事であって、事実は少なくとも一八〇年継続するというのである。そうは言っても、自分自身の生身の心身で確認できるのは、せいぜい六〇年くらいのスパンであろう。

科学的なデータをとるには、一八〇年くらいの継続的な調査が必要であろう。

これらのことを含めて、先にふれた、「余命3か月　がんは治る病です～西洋医学と実践哲学・気学の活用」をご参考にしていただきたい。

あなたが、気・意識・波動に関心をおもちになり、成功気学から実践をはじめられるときはじめて、あらたな具体的な疑問や学ぶことへの自信にゆらぎが出てきたりする。そんなときにも、その本は勇気を与えてくれ、役に立つはずである。

さて、人生の成功気学としてマスターするなら「先見先知のシステム」を活用することになる。そのためには象意を読むことがコツ、だと前に述べた。そのことを詳しくみてみよう。

象意を読むと予測・予知できる

これから先、何が起きるのか。これは誰もが知りたい欲求だろう。

あした雨か、晴れか。

南海トラフの地震はいつくるのか。

誰でも先のことが知りたい。身近には知りたいことだらけだ。大学受験に合格するか。結婚ができるか。この人とのお付き合いはどうなるのか、様々である。

成功気学は、「先見先知のシステム」だと述べてきた。この先見先知のはたらきをもつ気学を活用する最も大切な一つが「象意を読むことだ」ということもふれてきた。

素朴にいうなら、象意とは、私たちの「五感に察知できることがら」のことである。

こげる匂いであったり、救急車のサイレンであったり、犬のケンカを見たり、火事の現場にいたり、上司から小言をいわれる……など、人生の、生活での出来事や、モノそのものや、男女の言い争いなどの場面というシーンなど、視覚・聴覚・味覚・嗅覚・触覚で認知できる一切をいう。

ここに実際に体験をした主婦であり、会社員である方のレポートで、それをみてみよう。

この方は、ほぼ毎月私のカウンセリングを申し込み、受けているが、悩み事ではなく、その月に体験した象意の解説を求めるという探求心の旺盛な方だ。

こうしたやり方は遠回しに見えてしまうかもしれないが、実際はおそらく最も正しく、早く成功気学をマスターする方ではないかと思われる。（月刊「星風アカデミー」誌２０１９年１月号・２月号より：１月号18ページから転載）

象意の体験

―村田先生との対話からの発見①―

会社員・主婦／河内山祥子

2018・9・12（水）　カウンセリング

9月5日、出勤するためにバスを待っていました。バス停の前に水たまりができていました。その水たまりに、赤とんぼが何匹も産卵をしていました。

この象意は？

赤とんぼ七赤、水たまり一白、産卵一白、バス停？

村田先生の東洋心理学講座の本を見ると、バス停は、二黒と四緑に出ていました。なんとなく、二黒かなと思いました。

カウンセリングの時にこのことを村田先生にお尋ねしました。

私「赤とんぼ7、産卵1、水たまり1、バス停2、と思いました」

先生「トンボは、散乱？　産卵？」

私は、産卵以外の考えはまったくありませんでしたので、最初何を聞かれているのか分からず、

私「……卵を産む、です」でした。

先生「バス停は、なんで二黒なの？」

私「『東洋心理学講座』の本に書いてあったので。そうかなと思いました」

村田先生は、苦笑いをされました。
先生「バス停、二黒は大衆性、四緑はバスの路線の一つとして、もう一つ考えられるのは八白。つなぎ目、乗り換え、会社へ行く、家へ帰るの意味もある」
それで、私の場合のバス停は八白と分かりました。
先生「バス停一つでも、いろいろな方面からの見方があるのです」
なるほど！　面白い！　と思いました。
私「この象意で何が分かるのでしょうか？」
先生「知ら〜ん」
私「えっ⁉ あ……はい」もうビックリ。知らん！って。
先生「今、私が何で知らんと言ったかというと、河内山さんの生活は河内山さんにしか分からない。だから、何が起きてるのかは、自分で感じ、知るしかないのです。その日、何か変わったことはありませんでしたか？」
私は、象意を見た後は、そのことと関連することがあるとは全く考えないで、過ごしていましたので、しばらく何も思い出せませんでした。けれど、先生がじっと黙っているので、その日のことをなんでもいいから思い浮かべていました。

私「思い出しました！　夕方、車がパンクしていたので、タイヤを取り換えに行きました。タイヤ交換という予定外の出費がありました。また、すごく待たされて、その日は夫は出張から、息子はキャンプから帰ってきて、久しぶりに3人そろった日でしたが、夕食の支度ができず、外食をした日でした」

先生「ほら！　ちゃんと関連するような象意が出てるじゃないですか。今のような繋がった象意が出るということを意識していくと良いですよ。そうすると気学は面白くなる」

私「はい！　面白いです！……でも、象意といまの出来事と、どのようにつながるのですか？」

村田先生「この時の象意は、家族集まる1、急な出費で赤字で悩むが7と1。長く待たされる1、外食7、お金を使う7、タイヤ交換6と8、家族8となりますよね……」と話されました。

またこのカウンセリングを振り返りますと、村田先生との会話で、先生は多方面から私にいろいろ聞いてくるのに対し、私は一つの考えに固まり、他を考えられないこと、また自分で一つの答えを予想すると、それでできたと思い、思考をストップさせているということが分かりました。

多方面から物事を見られるような思考に変えるのは、どのようにしたら良いのだろうと思ったまま過ごしていました。

※　※　※

河内山さんの手記は、一読して飾らない素直さに、誰もが好感をもつのではないだろうか。会話体で展開したのもよかったし、日常のさり気ないことがらが、目に浮かぶようだ。

手記に手を入れてないのだが、象意の件では、少し補足しなければならない。

先見先知のための象意読解力

カウンセリングは定期的に毎日受けておられるが、時間にゆとりがなく三十分だけにしていただいている。

象意を何のために読むか。それは生活に活かすためである。生活に活かすということは、日常における出来事から、先に何が起きるかを読み取り、その対応をあらかじめ準備することである。さり気ない私たちの生活には、それなりのドラマがあるはずだ。

この実例の中で気付くのは、予定外のハプニングである。タイヤのパンク。いや、それをいうなら赤トンボの産卵だって、予定に入ってなかったはずだ。

してみると、主に予定できることは、ご主人と長男が、それぞれ出張とキャンプから帰ってくる日、ということだけだ。

ご主人は六白、ご主人の命式の本命は、もしかすると一白、でなければ二黒。もう少し河内山さんが馴れてくると、ご主人の本命との関係で記述できたはずである。実はカウンセリングのときに聞いておくと、象意との関連で面白いのだが。

長男は三碧で本命は何か……しかし、この日の出だしから類推すると、今日は、主人と長男が帰ってくるけど、出張先とキャンプで、それぞれどんな思いをしたかが、象意に出ている。

出張先とキャンプ先で、主人も長男も、あまりいい思いをしていないかも知れない……。主人は、出張先で何か新しいプロジェクトかテーマで内心悩み、長男は、まわりの友人や先生らとの会話などの行き違いや不愉快な態度で神経をいらだたせて帰宅した可能性がある……とすれば、揃ってのんびり自宅の夕食でねぎらってあげなければ、となる。

象意と、気学盤（チャート）とが正しく読めると、今のようにご主人と長男の心の状態が読めて、事前にその対応策が練られるのである。

しかし、パンクした車のタイヤの取り替えで時間が掛かり（それも象意に表れている）、象意どおりの外食となった。予定外の出費、これらがすべて事前に象意に示されている。それを正確にとらえるといいのである。

「易占」などとの違いをはっきり理解して欲しい。

易占のように、準備し構えなくとも、日常のさり気ない出来事から、予測して対応策がとれる。そればかりか、ここではタイヤがパンクする原因として自分の過去に冒した尅気までわかるので、パンクした事実と、タイヤ交換に思わぬ時間が延びて、自宅での夕食がとれなくなったという事実の原因も、はっきりとわかる。

原因がわかるということは、どんな種類の尅気を自分が保有しているかがわかるということで、将来それが起きないように、その原因をとり除く工夫ができる。これがフィードバックだ。それによって、将来は、そうしたミスが起きないようにする。

…というより、放置しておくことで、その拡大した不幸な出来事、交通事故、爆発事故、争い事を起こすことになると予測できるから、起こさない方法を具体的にとることに気付き、未然に防ぐことが出来るわけである。

脳の機能をより柔軟にするはたらき

何もむずかしいことはない。

ある一つの出来事は、象意を読むことによって、多角的な視点からみることによって、その力が自然に身についていく。いわゆる複眼思考である。

よくセミナーでもち出すのは、私たちは、いつでもチャンクサイズを最大にもでき、最小にもできるようになりたい……ということである。

チャンクサイズというのは、一つの概念の固まりのことであり、チャンクサイズが大きいと抽象度が高くなり、小さくなると、より具体的になる。

たとえば、生物↓植物や動物↓動物↓人間↓男と女↓男↓中年の男↓男児↓男の乳児といったように、生物から乳児とより具体的に変化。食品↓飲食物↓飲物↓ジュースとなる。

愛とか平和は、抽象的な概念であり、それを表す具体的な事柄となれば、チャンクサイズがずっと小さくなっていく。愛の結晶としての、妊娠した折の精子と卵子の結合があるが、その具体的な結合という小さなチャンクサイズは、場合によって「欲望」とか「エゴイズム」という抽象性の結果である場合もあるだろう。

このようにしてチャンクサイズを大きくできるし、小さくもできるということは、視点を変えることにもなる。その視点が変わることによって、考え方・発想も変化していく。つまり、思考の柔軟性が養われるとも言えるだろう。

象意を読む、という作業は、その柔軟性に加えて観察力の鋭さや直観力の豊かさとともに、その事象・現象の奥にある真意を読みとる洞察力が鍛えられていく。手記を寄せた河内山さんは、その事を知っているのである。

それをさらに研ぎ澄ましていくと、どうなるだろうか。実は、それが「梅花心易」（ばいかしんえき）という心境、またはその能力に達する。

儒教の教えの筆頭にくる易経には、二つのはたらきがあり、一つは哲学書としての役割であり、もう一方では、人生諸般にわたって行う易占術である。当たるも八卦、当たらぬも八卦というのがこれである。

そのなかの梅花心易とは、筮竹《ぜいちく》という小道具などを一切使わず、自然風物の動き、在りようから、今後の予測、または自分のもっている課題の答えを得ようとするものだ。

庭の梅の花の花びらが、一枚ふわりと地に散っていく様から、かかえているテーマの解答、課題の正否を問おう、というのである。

これからわかるように、気学の自然の法則の一つとして理解し、象意が読めるようになっていくと、自然な形で「梅花心易」も体得することになる。

特別に易経を学ばずして、梅花心易が可能になるわけで、むしろ「結果」を重視する呪縛から逃れるのは、成功気学の理解と実践のほうが数段優れていて、**能力開発をしつつ、自分で自分の運命を、能動的に創っていく**ことが可能なのである。

さて、その梅花心易にまでは到達していないけれど、河内山さんの手記にもどろう。その延長線上には、「梅花心易」の能力の開花もみえてくるからである。

（月刊「星風アカデミー」誌2019年1月号・2月号より：2月号9ページから転載）

象意の体験
―村田先生との対話からの発見②―

会社員・主婦／河内山祥子

２０１８年９月17日（日）チューター養成講座開講ＤＶＤセミナー

村田先生のいろいろなお話の中に、チャンクサイズを大きくしたり小さくしたり、自分の知っていることをいったん横に置く、自分の信念（ビリーフ）を時折変えてみる、自分の頑固さをよける練習をする等、カウンセリングの時気づいた自分の思考についてと、重なるところがたくさんありました。

その日、村田先生は、質問を受け付けてくださいました。

どうしたら多方面から物を見ることができるようになるのか、お尋ねしました。

村田先生は、「マスコミ偽善者列伝」という本をすすめて下さいました。「常に自分の一方的な視線に気づきます。発想を変えようとします」と教えて下さいました。

村田先生ありがとうございます。まず、本を読もうと思いました。

また、自分の癖を見直すためにも、繰り返し受講していきたいと思いました。

２０１８・９・18（火）象意の体験

朝、息子の友人が新潟からフェリーに乗って小樽に着き、自転車に乗って札幌の家まで来てくれました。よく笑う、明朗快活な、太陽を思わせるような子でした。

象意は、長男 若者3　フェリー 自転車6　明朗快活 2人の若者9
その後、私は出勤し、売り場に行く途中、そよそよと風が吹き、木々が揺れて鳥が鳴いていたので4、そして本屋に寄って先生のおすすめの本「マスコミ偽善者列伝」を購入9、それから売り場へ行きました。

今日は、3・6・9・4の象意の日。カウンセリングで教えていただいたように、何か関係することが起こるのかな…と私はワクワクし、少し浮かれていました。

その1時間後に、まさかの3・6・9・4の大失敗をするとは知らずに……。

私は一人の男性客に、話の面白さにつられて、ウッカリしてお金を受け取らずに商品を渡してしまいました。

男性客との会話で、私の意識が完全に現金から逸れてしまいました。私は1万円のお金を受け取ったような気になってしまい、男性客にお金を頂いていたか確認したのですが、「払ったような気がする。自分も分からなくなった」とのことで、男性客を不快にさせてはいけないと思い、「わかりました」と9000円分の商品とお釣り1000円を渡してしまいました。

しかし仕事の終了時に計算すると、1万円の不足金が出て、お金を受け取っていなかったという事が分かりましたが、後の祭りです。

うっかりミス9　企業への損失6
次長にすぐ電話で謝罪と状況の説明をしました。次長は「それは、もしかしたら確信犯かもしれないな。とにかく状況を詳しく書いて、事務所にFAXして」。それで初めて、私はだまされた？と気づき、まさかの3…。

遅番の同僚との交替時に、私は落ち込みながら話すと、誰にでも起こり得ることだと、同僚は同情してくれました。

夕方、次長から電話が来て、「お疲れさん！部長に報告したら、一応防犯カメラを見た方が良いとのことで、次の河内山さんの勤務の時、一緒に見よう。売り場に行くからね」。この電話で、私は信用を失ったということもわかりました。4です。

見事に、3・6・9・4が揃ってしまいました。

夜、夫にこの失敗のことを話すと、「詐欺だな」と言い、いろいろな立場からの見方を言ってくれました。

企業……現金を扱う仕事をする者としては、最もしてはいけない最低のミス。また同じ事が起こるのではないかと不安になる。信頼を回復するには、今後ミスをしないでコツコツと努力するしかない。

次長……会社と私の間の立場で、私と一緒に防犯カメラを見るというのは本当に嫌な仕事。でも仕事だから、しなければならない、仕方ない。

夫……とんでもない客だ！そんな奴にいいことがある訳がない。

男性客……あのおばさん、簡単だったな…ニヤッ！

また、私はどういう意識で仕事をしていたか、お客様に機嫌良く帰っていただきたい、を一番にした上で、売場内の方、上司、事務所の方に気持ち良く、という態度でした。

本当は、自分自身を守り、企業に損失を与えない仕事をするということを一番にした上で、お客様、売場の方、上司、事務所の方に気持ち良く、と心がけるのが正しかったのではないか、と反省します。

その時の事を冷静に思い出すと、男性客は他のお客様とは明らかに違う事が分かります。

初対面なのに、巧みな話術で私はどんどん相手のペースに乗せられてしまいました。人に指摘されるまで、だまされたことも気づかず、オレオレ詐欺等に遭う時も、こんな感覚なのかな…と思いました。

でももう、私は前と違います。同じミスはいたしません。

次の勤務時、次長が来店し、「悪い奴はいっぱいいるよ。気にしないように」と明るく言ってくださり、私は少し安心しました。

防犯カメラを見ようとしましたが、随分前から映っていなかった事が分かり、カメラの交換が必要などの連絡等、次長は新しく仕事が増えて帰られました。

電気機器の故障3…？　（以下略）

※　※　※

このあと、河内山さんは、今後の心構えを分析し、どんなときでも事前に象意が現れることを確認している。問題は、**その象意がうれしい幸せを予測するものか、将来起きる出来事への警告として受け止めるもの**のか、その見極めが必要だと反省し、今後の改善点としている。また、わたしもカウンセリングのときに、それを指摘し、今後のあり方をアドバイスする。

いわゆる、これがフィードバックである。

占い的発想・方位採りだけで満足している方には、このあたりがすっぽり欠落している。

じつは、象意は客観的に現れるが、それが幸運につながる場合と、不運につながる予兆との場合とにわかれる。前者が自分の祐気を示し、後者が自身の尅気を示すわけで、その明確な祐尅を洞察・分析・理解して、以降の気学的行動の指針への道を歩む。いわゆるフィードバック機能がはたらくというのは、そのことを指す。

気学の本やＤＶＤで気学を知っているという三十代の若い男性二人連れが、私の体験セミナーに参加して、こう言い放ったことがある。

「そんな面倒な象意かショーユか知らないけれど、吉方方位さえわかればいいんで、象意なんてことで、気学がまるで全てみたいな話なんか聞いておれませんよ」

もちろん、一切反論はせず、「そうだね、それもそうだ、一つのりっぱな考えだね」と語るにとどめた。こういうタイプを相手にしている暇はない。話しても頭から受け付けないからだ。

河内山さんが、象意の体験、の書き出しにこう書いている。

長男・若者３（三碧のこと）、フェリー自転車６（六白）、明朗快活で二人の若者９（九紫）。基本通りの象意の読み方としては、これに関してはすべて正しい。情景描写の読み方も正しく４（四緑）、私が推薦した本の九紫も正しいが、ここで彼女は、わかりやすくて重大なことを大きく見逃している。

本のタイトルだ。「マスコミ偽善者列伝」である。マスコミ九紫、偽善は九紫の尅気と三碧のはったりと嘘を示している。

彼女は、こう書く。「今日は、３・６・９・４の象意の日」…これも正しい。

これらをじっくり見つめて欲しい。そうすると、このあと起こる出来事が埋め込まれていることに気付かねばならない。

もうひとつ、重大な見落としがある。チャーミングで明るい若者が、どの方位から、どんな方法（海路にフェリーとか）で来たかが、問われていない。

息子の友人が遠くから来る。推薦した本を買うという重なりは、日常によくあることか、そうそうあることでないかは、ご本人しかわからない。

しかし、ほぼ間違いないが、滅多にないはずだ。とすると、特異的なことであるとすれば、本という物質的象意は当然として、その内容とタイトルは無視できるはずがない。であるならば九紫のマスコミ、その九紫のマイナス面、偽善の九紫と三碧と先天の九紫、さらに、四緑の象意である「そよそよと風が吹き（四緑）、木々が揺れて鳥が鳴く（三碧）」と美しく描写した裏にあるのは、「耳障りのいい話術（先天四緑の後天七赤）で、心地良く彼女を引き込み、信用（四緑）させて、だます（四緑・三碧）ことに長けたニセ紳士（九紫）のハッタリ・嘘・サギ（三碧）となる」

この日、三・六・九・四は喜んでばかりもおれない。これがひっくり返ると、大変な日なのである。ついでに言うが、故障していた3防犯カメラは九紫である。

象意そのものはつねに中立であるが、祐気にはたらくか尅気にはたらくかは、象意を得た主体（自分自身）の祐尅の量によって違ってくる。従って初期の頃は、意識的に徹底して、象意の両面・プラス面とマイナス面を読む練習をすることだ。そうすることによって、必ず正確に深く読めるようになる。

それにしても、河内山さんのこの試みは見事としかいいようがない。

一般にカウンセリングというと、深刻な問題が多い。受験・就職にはじまって適職から売上げ、集客法、人間関係改善から健康問題にいたるまで、様々である。

カウンセリングを、成功気学の非常に大切な象意の読み方にあてる発想が素晴らしい。本書のはじめの方で、ジョン・レノンとオノ・ヨーコなどの相談役のヨシカワ氏のことにふれたが、人間関係の重要性をヨシカワ氏が強調していたことを、あなたも覚えておられるだろう。

その人間関係を正しく読み解くには、それこそ象意が読めなければ成り立たない。それと気学のチャート（気学盤）の九宮についてのはたらき・象意も当然ふくまれてくる。

本書では、そこまでふれられないが、この気学盤（チャート）を重ね合わせる方法があり、その方法をとることで、象意はさらに奥行と変化をもたらす。あるいはヨシカワ氏が、ヨーコ・オノとジョン・レノンの関係をみて正確に予測したように、配置の仕方を読むことで、二人の関係性が読めてくる。さらにそれを進めて、恋愛・結婚は当然として、ビジネス上の取引・職場・友人・家族などを含めた人間関係に的を絞った具体的ノウハウを一冊にまとめつつあるので、ぜひ期待していただきたい。

易経の奥行の深さも実占編も魅力的ではあるが、人生をいかに生きるべきかを問い、**それを改善し、運命を創る、という観点の実用性は、幾度も繰り返すが、成功気学が勝る。**

易占とわたしの兄弟のこと

わたし個人のことで恐縮だが、祖父の関係とその蔵書の一部から、早くして「易経」に十代後半から親しんでいた（拙著「余命3か月　がんは治る病です……」参照）。

二十歳前後には易経六十四卦はひと通りマスターして覚え込んでいた。だが、どこか違和感があった。というのは、わたし自身の虚弱体質や集中力の無さを改善する方法は易経のなかに無い気がしたからだ。

もう一つは、私が高校一年の頃、高島易断の先生が母の要請で自宅を訪れ、いわゆる出張鑑定をしていたのを、そばで見ていた。

他の事はすっかり忘れたが、弟の忍のことは、はっきり覚えている。

「気の毒ですが、末っ子のこの方はご両親とは逆運ですな。易にも出ているし、手相にも出ているから、間違いないです」

九才年下の幼い弟は、「逆運」の意味がわからず、目をくりくりして聞いているだけだ。

わたしは、なぜかその言葉を知っていた。親より早く亡くなるということ…だと。

弟とは仲が良かった。逆運の言葉に、私の方がショックであった。弟も妹も、小学校から、私の担任であった詩人の平山美香先生がずっと担当をされ、三人とも同一教師にお世話になったため、美香先生は三人の個性の違いをくっきりと理解し、私が高校を卒業するまで、時折お目にかかると、それぞれ個性を生かすようにしなさいとアドバイスをして下さった。

その平山美香先生が、笑いながらこう言った。「下にいくほど知能指数が高いね。忍くんは一七〇前後だから、天才というより神才に近い。妹さんは一五五くらいで天才的お転婆。康一くん、キミは知能を超えて「誠実」さが断トツ。人間の大切な美点であるところを生涯、失わないことよ」

小学四年、五年とこの詩人の美香先生から徹底して作文の指導を受け、「○○タイムス」とか新聞社に応募させられ、入賞したりしたのは「誠実さ」だけを買ってくれたからか、なんて、不満をもったりした。何と言ったって「天才」のことばの響きの方がいい。

だが、岡山県に嫁いだ妹は、夭折（ようせつ）した。何年間も寝たきりではなかったかと思う。嫁ぎ先には申し訳なく思うほどであるが、甥にも姪にもりっぱな子供たちが育っている。妹と私は終戦直後の幼い頃からの、凶方位への移動や移転が寿命を縮めた原因だと思っている。再三恐縮だが、拙著の「余命3か月　がんは治る病です……」に健康・病気・寿命などと気学の関係を書いている。参考にしていただくと有難い。

さて、戦後生まれの実弟の忍は、その後どうなったか。

現在、男児二子に恵まれ、東京・世田谷区に住み、テレビドラマの現役の映画監督として元気に活動を続けている。

彼は、二十才前後で渡米し、庭師の手伝いをしながらハリウッドで勉強。母の逝去で、日本に帰国。彼にとって、そのとき六白の大きな祐気であった。これは、実力者に引き立てられるという象意である。弟は、私と親しかった一橋大学出身の映画監督で、当時売れっ子の斎藤光正に可愛がられて、アッと言う間に監督の地位に着いた。もちろん、本人に才能があってのことであるが——。当時、監督に昇進するのは、ほぼ十年かかるところを、なんと二年前後で監督になった。

「逆運ですね。早く亡くなる」と言われたが、健康で活躍していて、私のように病気で入院したり、寝込んだという話は聞いてない。易占や手相が正しいとすれば、こうして運命は変えていけるし、創れるのだ。

本人いわく、

「昔は天才　二十歳過ぎたら　ただの人」

と言って笑っていた。

こうした個人的な事にふれるのは、身近な存在で動向がはっきりわかっていること。もう一つは長い人生のスパンで判断できることの二点があるからだ。

二年や三年では、結論は出しにくい。ひとりの人間の運命の流れは、三十年、四十年、五十年のスパンで軌跡がくっきりする。少なくとも十年間の推移を見ることは必要であろう。

易経の大家・小林三剛先生とプロの気学家の死

さて、小林三剛先生のことだ。

現代の日本で、易占の大家といえば、やはり小林三剛先生であろう。一九三一年生まれで一九九八年、六七歳で病没されている。

学習参考書などの大手出版社の取締役から小林三剛先生を紹介され、三剛先生の出版の原稿の手伝いを依頼されてから、十数年以上亡くなる寸前まで、親しくさせていただいた。

また、私が易経をある程度マスターしていることを知ると、自分の学校で講義をさせたり、時折先生の代講も命じられたりした。

先生ご自身は、ハワイ大学における東洋哲学や東洋医学の課程でも教えられ、何年間かホノルルに居住して、活動されていた。

私はわたしで、毎月、祐気採りを兼ねてホノルルに通い、そのたびに現地で三剛先生にお会いした。

ハワイ大学の名誉教授の吉川宗男博士にご紹介されたのもその頃で、吉川博士も易経にくわしかった。

三剛先生と吉川教授と三人で、ホノルルで食事をしたとき、こう言われた。

「吉川先生は、語学が達者だから、易経の本質を英語版で世界に広める。村田先生は、東洋心理学としての気学を究めてほしいし、気学の件は一切おまかせする」

といった内容であった。なるほどと納得して聞いていた。

三剛先生は、関東医療学園の創立者であり、もう一方で関東易占学校をも設立し、理事長でもあった。

一時期は易者や手相などでテレビでも売れっ子であったが、先生の学究的探求心と、次の世代のために遺していきたい一つの体系の確立があったために、メディアの一線から身を引いた。

それが、命《めい》・相《そう》・卜《ぼく》・仙《せん》・医《い》の五術の統一的な中枢理論の確立を目指すというものであり、物理学の世界でいえば、宇宙における大統一場理論とでもいう、壮大なテーマと似ており、その実現のためには、メディアに露出している暇などはないと考えられたのだと、私は理解している。

そのあたりのことは、お茶の水鍼灸専門学校の元副校長であり、小林三剛先生の直弟子の徳永由美子先生が「星風アカデミー」誌に「小林三剛先生の思い出」を綴っておられていて詳しい。徳永由美子先生は私の恩師でもある。

その三剛先生が、ホノルルのマンションを引き払って、千葉のご自宅に移転されたと聞いて驚いた。なぜなら、本命殺の大きな凶の気エネルギーがまわっているときであったからだ。

易学の大家が、まさか!?　と思いつつ、調べると、間違いなく生命にかかわる大きな凶である。

しかし当然、大きな動きだから立筮《りつぜい》しているはずだ。易学のそれは、はたして気学上の法則を超えるのだろうか⁉　さまざまな疑問が湧いてくる。

当時、私はある事情で、東京から京都へ移転し、京都から仕事先の大阪市内・難波の仕事場に通っていた。

たまたま、三剛先生が顧問をしている専門学校でお会いしたとき、心配のあまり質問をしてみた。

「ホノルルからの移転のことですが、気学上は本命殺ですが、問題はないのですか？」

「何回か質問を変えて立筮したが、注意して生活すればいいし、問題ないでしょう。そのように卦には出ているからね」

さすがにそれ以上の質問は控えた。

それから二カ月後。小林三剛先生が六カ月間、沖縄にお住まいになる、という情報を得たとき、少しはホッとした。というのは、三剛先生にとって、そのとき沖縄は大きな祐気先だったからだ。

少しはホッとしても、気学の法則からすると、果たしてそれでいいのか…と不安も募ってくる。

なぜなら、ハワイと日本の距離と、千葉県からみた沖縄の距離とは、全く違うのは子供でもわかる。つまりエネルギーの強さが全然違うわけで、エネルギーの質と量の大きい方が勝つ。正のエネルギーなら生命力旺盛となり、負のエネルギーなら生命の危機となる。

結論を言う。

三剛先生が理事長を務める関東医療学園にわたしが入学する春、先生は六十七歳で永眠された。帰国して四年目。これは気学を学んだ方ならすぐおわかりのように、線路の法則一、四、七、十というリズムのなかのぴったり四にあたる。じつは、筆がにぶるが、ここで公表しておこう。著名な勢いのあったプロの気学家が三人、五〇代、七〇代、六〇代で亡くなっている。勘違いの祐気採りや、伝承の間違った方法を人々に教え、自ら実践した結果のようだ。おひとりは「危ういな」と思っていた方だが、昨年亡くなっていたのを、この稿を書いているさなかに、ここパリで知り、衝撃を受けた。気学はことばではない。法則なのだと、あらためて思う。

東洋医学と易経の大家だった三剛先生には、せめてあと十年の歳月はご活躍をしていただきたかった。

生前、三剛先生は「村田先生、ぜひうちの学校に入って、東洋医学の実際をみてほしいし、体験してください。必ず先生のめざす東洋哲学と西洋との融合に役立つはずだから」。

こんな意味のことを、ハワイのほかに千葉の養老渓谷の温泉宿へもご招待を受けた折に、易経の解釈と当時のメディアで話題のチャネリングの実際との関係を語っている最中に、何回か要請された。「そうします」と私は答えていた。

しかし、ようやく三年間の学生生活の準備が整い入学した春に、まるで入れ違いのように、三剛先生は旅立たれたのだ。


スピリチュアルなことを言えば、入学してから数カ月後に、妻の枝美佳が祐気先の熱海の旅館で、夢を見た。小林三剛先生が現れて、「新しい学校で、村田先生に頼みたいことがあるので、ぜひ協力を……！」

移転先の新しい校舎の前の正門での事だったと、枝美佳は言う。

その夢の二週間後、三剛先生のご子息が理事長となり、関東医療学園はモダンな地域の幕張に移転した。新しい教室で、新理事長から「東洋心理学講座」の講義の依頼が私にあった。学生をしながら週一回の講座をもつということで、あらためてその要請に応えるために、枝美佳の運転で、移転先の新しい専門校に行った。

真新しい校門の前に車を停め、確認したとき、枝美佳が声をあげた。

「ここよ、ここ！　三剛先生がこの校門をバックに立っておられた。この間、夢で見たのはここなの！」

枝美佳は、千葉県の検見川校は知っているが、移転したモダンな幕張の新築校舎を見たのは、このときがはじめてであった。

二週間前、それを夢で見ていた。さらに、三剛先生が夢の中で「協力を頼むよ」と現れてから間もなく、ご子息の新理事長が、新しい講義を一コマ担当するように、わたしに依頼がきたという事実。それ以降在学中、わたしは学生をしながら、ここで講義も担当し、講師料もいただいていた。今も有難く思っている。

さて、あなたは、これらを単なる偶然とみるか。夢もひとつの予兆の象意としてとらえるか。

いかがであろう。

この事は、あらためて後で触れる。偶然を計画的に意図的に起こす方法についてである。

祐気ツアーでは、過去世との出会いも

この項の締めくくりに言いたいことは、祐気採りを重ね、瞑想したり祐気的生活を行っていると、いまあげたようなスピリチュアルな感性も鋭くなるということ。特に初めての土地とか海外における非日常性のなかに身を置くと、自分で自分の前世・過去世を思い出すだけでなく、強烈な何かを感じる。

何人かの方々が体験し、それ以降の人生に変化を起こしている。

たとえば、ある主婦の場合。過去、十数名で行った北欧祐気ツアーで、広大な屋敷で花壇の世話をしたり、花々の写生をしていた過去を思い出した。帰国してから、スーパーでのレジ係をやめ、ドライフラワーの勉強をし、そのお店を開くほどに成功した主婦もいる。

不動産関係の事務の仕事をしていた女性は、祐気先での過去世の体験から、一念発起、保育士になって、小さいながら保育園を運営する人と結婚し、充実した人生を送っている。

グループで行くと、シナジー効果が強くはたらき、過去世における現地での自分の悲劇を体感し、号泣したり、呆然としている姿も見受けられる。

私が同行する場合は、各自それぞれ自らがそれを体験できるように、「場」を創ることに努める。

「場」を創るというのは、物理的場所のことではない。気・意識・波動の世界のことを指している。

グループで行くと特にそうであるが、これまでの何人もの体験から言えることだが、一〇〇％物質主義、またはイェール大学のシェリー・ケーガン教授のいう物理主義の方がいて、常にその発想の方がリーダーの場合は、まわりの方々も無意識にそれに共鳴し、体験は単なる観光旅行で終わる。

そうなると、ガイドブックが中心のツアーとなるだろう。それは情報収集・知識の獲得にはプラスになるが、もうひとつの現地の気エネルギー・波動・意識の効用については無頓着である。

シェリー・ケーガン教授と同じで、知性がすべてだという思い込みが激しいからである。

当然、そうなると過去世などは、脳の幻覚にすぎないとなるだろう。

星風会の勉強会・セミナーでは、知識の授受一〇〇％、気エネルギーの授受一〇〇％、合計二〇〇%の集いを、主催するわたし自身が意図している。

だから、たまに面白いことが起きる。六十代半ばの婦人が帰りがけに、「実は左手の指が曲がっていて伸びなかったのですが、薬指と小指が、ホラ、伸びるようになりました」という方も現れる。二十代後半から五十代にかけての女性で、よく聞くのが、「とまっていた生理が始まった」というもの。

たとえ、それが生理学的疾患であろうとも何らかの生理的変化が生じているのは間違いない。精神神経免疫学の観点からみても、気・波動・意識は心の状態に作用し、神経系にはたらきかけるとすれば、当然、生理的変化となって現れる。

しかし、わたしが意識的に「気エネルギー」を動かすよりは、個々人が物理的な**適切な時と場に身を浸すこと（祐気採り）による天・地・人の総合的な気エネルギー**のパワーの方がはるかに大きく、深く浸透するのは、当然なことである。その物理的な適切な時空間において、出来るなら深く共鳴することが、パワーを増幅することになる。

だが、その原理を活用して、物理的な適切な時空間を無視していながら、それと同じ効果を生む方法もある。

まず、その事例からみてみよう。

ここに「星風アカデミー」誌２０１９年・１月号（新春増ページ号）がある。その中で、**「札幌の歌姫」という名前の体験手記**を紹介している。

まず、私の前書きの一部からご紹介したい。

（……略）プリガムヤング大学で行った、二〇一〇年のメタ分析の結果ですが、三一万人のデータを分析したところ、健康面で言えば、孤独だった人に友人ができると、寿命を延ばす効果が高いといいます。「良好な社会関係」が改善されて、友人が出来たことで、最大一五年も寿命が延びる傾向があったのです。

さらに面白いのはハーバード大学が行った「成人発達研究」です。

およそ八〇年間にわたり、七百二十四人の人生を記録し続けたもので、それは十代の学生だったころからの膨大な記録である。

研究の責任者であるロバート・ウィルディンガー教授のことば。

「……私たちを健康にし、幸福にしてくれるのは、『良い人間関係』です。長い研究のこれが結論です」

その良い人間関係は、私たちの脳すらも守ってくれ、記憶力は衰えることなく、判断力も鋭さを失うことはない。

それだけでなく、仕事のパフォーマンスも上がっていく。その結果、幸福・富・名声などが健康とともに自然に手に入る。これらはすべて、人間関係の土台の上に築かれているということです。

この人間関係をさらに親密なものにし、時空を超えてつながりを活性化することが出来るのが、一つの自然の法則である東洋の実践哲学・気学です。

その実例をご紹介しますが、この実例が示すものは、「意識における量子テレポーテーション」と言えるものであり、祐気効果の一種でもあるといえます。

奇跡か偶然か

ずい分前から、シンガーソングライターとしても活動し、アニメなどの歌も多く、ポップ調の歌で、熱烈なファンを持っている札幌の歌姫の起こした奇蹟的な実際のお話です。

ラジオ番組のキャスターなども担当され、私も数回にわたって出演させていただきました。

その後、残念なことに咽頭か喉頭かの疾患で音楽活動を休み、再開したのは数年後だったようです。

手痛いブランクのあと、再起して鳴かず飛ばずだったその歌姫が、突如、ブレイクし始めたのです。

そのビックリするような大ブレイクする彼女に何が起きたのか、歌姫に、直接語ってもらいましょう。

「札幌の歌姫」

２０１８年2月25日、札幌のホテルレオパレスで開催された、恒例の星風アカデミーの新春特別セミナーに参加させていただきました。

その時に配られた、「強運を創る―２０１８年の展望」（村田昌謙著）に、はさまれていた「夢実現オクタゴン」という不思議な紙と、くじ引きのように引いた番号で、64卦（か）の易と和歌とをいただきました。

その和歌（道歌）は、日本や海外に行かれた村田昌謙先生が、その土地々々で受けたメッセージを詠（よ）んで、おみくじ風にしたといいます。

指定された通りに、和歌を夢実現オクタゴンの中央に貼り八方に叶えたい言葉を入れました。

私は、次のように書き入れました。

「美と健康、タイアップ取る」と――。

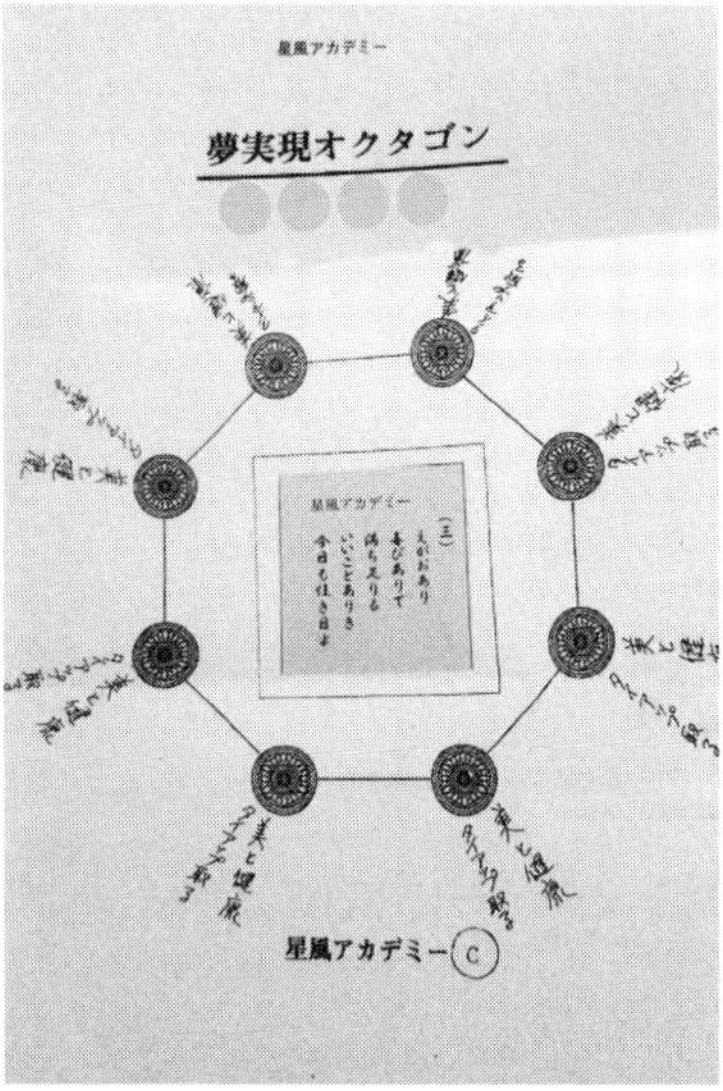

「札幌の歌姫」さんが書き入れた、星風会「夢実現オクタゴン」

「美と健康・タイアップ取る」と書いた

ちなみにタイアップとは、テレビアニメなどの主題歌や、メジャーな歌手の方への楽曲提供などを言います。

易は35番でした。（省略）次の和歌も易経の内容も同じラッキーな暗示でした。

「えがおあり　喜びありて　満ち足りる
　いいことありき　今日も佳き日よ」

この和歌と易の〔35・火地晋（かちしん）〕に元気をいただきました！

私は割と素直なので（笑）、村田先生がセミナーの時におっしゃった通りに、この内容を3回読み上げていました。

それから3ヶ月が過ぎて、突然、一度関わった事のある東京の某大手アニメ関連会社にいた役員の方から連絡をいただきました。

「あなたと急いでお話がしたいのですが、千歳空港まで行くので空港で話しませんか？」

と。

？？？な気持ちで千歳空港のカフェで待っていると元役員の方が東京からやって来ました。

「3月に独立し、会社を作りました。ぜひ所属して欲しい」と。

私は正直戸惑いました。

還暦に手が届きそうな私に突然のオファー。

「いろいろなTVアニメ、メジャー歌手への楽曲提供など、たくさんの案件が来ますので、ぜひ仲間としてSさんの力を貸して欲しい」

私にとっては願ってもないお話でしたので、ひとつ返事でOKしました。

9月に正式参加し、さっそく次から次へと作詞や作曲の仕事が舞い込み、まだ正式には公表出来ませんが、年明け、TVアニメのキャラソン1本、人気声優さんのCDへの楽曲提供2本が私の作った歌に決まりました。

そしてナント！

演歌歌手の新しいCDに入る曲のコンペの、最終選考の4曲に選ばれています。

こうしている間にもどんどん有名な歌手への楽曲提供のオファーが来ています。

タイアップをどんどん取っているのですが、「夢実現オクタゴン」に書いた通りになって、本当に本当に驚いています。

「美と健康」に関しても実現に向けて努力したいと思います！

あと、不思議なのは、「3」がたくさん出てきました。

和歌は3番、易は35番、3回唱えて、3ヶ月後に、3月に会社を作った方から声がかかり、倍数の9月に正式契約。

すごいですね〜〜！　どんな意味があるかはわかりませんが。

それにしても、実際にこういうことがあるのですね。

電話で村田先生にお聞きすると、笑いながら、軽くおっしゃいました。

「もともと持っていらっしゃる才能がはじけるように噴出したんですよ。あなたの努力と才能に加えて、幸運なシンクロニシティが『夢オクタゴン』に想いを乗せることで、弾けただけです。

それに、3は発展の象意で、あなたは三碧ですから、そのプラス面が出ただけですね。才能があっても、努力しても、もう一つ何かがなければ、そうはならないし、その総合力が実力ですから、あなたにはやはり実力があったわけですね。私も限りなくうれしいです」

うーん、そうなんだ。素直なところのある私なので、素直に村田先生のお話を受け止めることにしました（笑）。

村田先生、本当にありがとうございました。

札幌の歌姫

いかがでしょうか。
ここで、この現実界での非常に単純な成功の法則を示しておきます。
才能＋努力＋ツキ＝実力発揮で大成功
単純すぎますか。才能と努力だけで、前に書いた幸福・富・名声・健康が手に入りますか？　これらについて書くべきことが、山ほどあるけれど、他日に譲ります。

しかも、これらには、良い人間関係の土台がかならずついて回ります。

非常に興味深いのは、実践哲学・気学の活用によって「ツキ」を創ることが出来るということ。さらに、「よい人間関係」をも作ることができるということ。これを知っている方は、案外と少ないようです。

よい人間関係というと、相性の良さ悪さが浮かび、もうその時点で占いの世界に入っています。しかし、相性はないと、私は主張してきました。なぜなら相性は、その気になれば良くも悪くもつくれるから、創りかえることが出来るからです。

それには、法則を理解し、適切に活用することが前提となります。

ところが、そうしたことを学んでない方々には、「占い」に映るのは、やむを得ないことかもしれません。（以下　略）

※　　※　　※

札幌の歌姫の手記は、周辺の方々がよく知るように、すべて事実である。まだ、控えめに書いておられる。

オクタゴンというのは、毎年刊行している「強運を創る〜二〇××年の展望」というタイトルで、その一年間の予測を、気学的にしめした本にある特別な付録のことである。

夢実現・目標達成のオクタゴンとは、四方八方への気エネルギー（意識・波動）を発して、自分の目標や夢を実現しようとするチャートとでも表現するしかない。

一枚の用紙である。そこに意識を集中して引き当てた「おみくじ風道歌」を貼って、一年間の心構え、指針としつつ、自分の願いを叶えようとするものだ。

自分が願う事柄を実現するために、「意識」を集中して「目的」をオクタゴンに短いことばで明記する、そのオクタゴンを意識のアンテナとして、必要なことがらを引き寄せ、実現しようとするものだ。

このとき大切なポイントは、「意識の純度」である。心理学でいう、「情動記憶」の層からの考え・想念では、時空間を超えてプラスの共鳴作用は起きない。

しかし、情動記憶の心理的な層が一〇〇％消滅することは、普段のわれわれにはあり得ない。

そもそも情動記憶の層というのは、体内にいるときから、現在までの喜怒哀楽のすべてのことであり、もっと素朴にいうなら「ストレス」のことだ。純度が高いとはいえない。

純一無雑だとは、とても言えない。一般的に、われわれの九十九%がそれを土台にして生きているといっても過言ではない。

逆にいうなら、そうした喜怒哀楽の情動・感情を超越した心の状態のときに、普遍的な意識状態が生じ、非局在的存在との共鳴作用が生じる。

そうした場を言語で表すのは、とうてい不可能であり、禅宗的な表現を許してもらえるなら、不立文字（ふりゅうもんじ）の世界とでもいうしかない。ことばで表現できない世界は存在しないという人はいないであろうが、しかし、簡単には納得しがたい。

しかし、そうとばかりも言っておれないから、わたしは、心理学と唯識論とを織りまぜて意識を九層に分け、その究極の場を「普遍意識の場」としている。仏教的にいう「阿頼《あら》耶識《やしき》」のさらに一段奥の場である。

古来、われわれの先達（せんだつ）らは、ことば（論理）ではなく、直接的体験によってそこを知った。そして、そこを知るためにさまざまな方法（修行）が工夫され、その伝承もあって、主に、宗教の中に組み込まれてきた。

なぜなら、記述できないからだ。記述できるということは、論理的に追求できることを意味し、その最先端の技術が「科学」である。

つまり、科学で追求出来ないその場を、宗教の宗派によって、そこの存在を「空」といい「無」といい「タオ（道）」と表現したのである。

ときには「神」といい「仏」ともいう。

これ以上、ここではふれまい。各宗教の方々から激しい攻撃を受けかねない。

だが、有難く、うれしいことが、その場のことで、二点ある。

一点は、どんなバカかアホでも、その場を実体験できるということ。もう一点は、量子物理学の進展によって、おぼろげながら、その場が垣間見えるということだろう。

あなたが、もしアホかバカな部類なら、わたしと一緒に体験すればいい。

もし、あなたがそうでなく、天才的頭脳の持ち主なら、ぜひ、これまでさんざん触れてきた湯川秀樹博士がノーベル賞受賞以降に取り組み、追求した量子力学に欠落している「素領域」の研究をなさることをおすすめしたい。

ここで、堅い話のついでに、尊敬する古い友人でもあり、仲人もした津布良直也氏の弟分・吉永昌哉氏による、昨年の「強運を創る」への寄稿から一部を引用しよう。

（「強運を創る～２０１８年の展望」１０２ページより転載）

素領域理論というのがあって、これは湯川秀樹博士が提唱したものである。粒子を加速して他の粒子にぶつけるとさらに様々な粒子が飛び出す。きりがない。量子力学で現象を説明できたとしても、観測するという行為が結果に影響を及ぼすという観測の問題や、計算途中での発散の問題は残る。湯川博士は、絶対調和の中に、素領域という微小な物質空間が浮かんでいると考えた。あまたの素粒子は、素領域同志が交換するエネルギー単位である。この理論によれば、観測問題も発散の問題も生じない。

湯川博士は、……と考えた、のではなく見てきたのかもしれない。京大での講義中、出来のいい学生に、板書した数式の不備を指摘されると、ちょっと待ってと言って岡潔先生を連れてきて訂正してもらっていた、という逸話がある。

岡先生は、山本空外の開いた仏教の一派、光明主義に帰依していた。紹介された湯川先生は、あの世を見てこられる行法を授かった。だから、絶対調和が破れて素領域が生まれる瞬間を見た可能性がある。後に自発的対称性の破れが起こることを証明し、ノーベル物理学賞を受けたのが南部陽一郎博士である。（以下　略）

いかがであろうか。津布良直也氏もこのあたりは詳しく、弟分の吉永氏に素領域理論を解説したとも聞いている。

※　※　※

この引用文には、2つの目的がある。

一つは、たぶん日本で話題になるはずの（この稿を今パリのホテルで書いている）「死とは何か」の著者、イェール大学教授のシェリー・ケーガン先生のことだ。

シェリー先生が、今の引用文を読めば、この教授の大学での講義材料が増えたと、お喜びになるはずだ。もちろん、一〇〇％の物理主義者であるシェリー先生だから、「人間はP機能をもつ、事実上、ただの機械なのだ」と断定してやまないだけに「高次のボディに移行する。……最後には絶対調和に溶け込む」なんて、絵空事としてしか受け止めない。ましてて、素領域なんて、湯川先生も脳ナンカショウじゃないの、とでも言いそうだ。

拙著「余命3か月　がんは治る病です……」でも、シェリー先生のユーモラスさとともにふれているが、一読する価値ある本ではある。しかし、本書のテーマにはあまり役立たないが、反論させる動機づけとして役立ち、有難くはある。

そこでシェリー先生とあなたに教えていただきたい、ありふれた質問をしてみたい。

コンビニにもよく、「真空パック」とあるけれど、「真空」って何ですか？

真空だから、空っぽか。商品が入っているって…!? ちゃんと答えてほしい。魚や肉とか入っているのは知っている。しかし、真空とあっても、一立方センチメートルあたり十の十七乗個（十京個）ほどの空気の分子が存在している。

工業的には、低真空、中真空、高真空などと、空気の圧力に応じて真空を分類していて「真の空っぽ」はどこにもない。実際は真空のものはないのだ。

静止衛星は三万六千㎞、スペースシャトルは四百㎞……など、その上空でも、超高真空でも一兆分の一とか、三百㎞あたりの高真空で十億分の一とかで分子は存在する。

では、物理学の真空とは何か。

太陽と地球の関係で考えるとわかりやすい。

地球は太陽に引かれ、その周りを回っているが、太陽と地球の間には空間が広がっている。では、地球がどこかへ飛んでいったりしないで、定期的にちゃんと回っているのはなぜだ。太陽と地球の間には引き合うがはたらいているから、と誰もが答える。

とすれば、その力は真空を伝わっていると考えられる。となれば、真空は、何もないのではなく、力を伝えて地球を引っ張る性質があると考えていいわけだ。

物理学では、真に空っぽと思われる真空であっても、力を伝える性質があるわけで、この空間のことを「場」という。

さらにいえば、物理学でいうこの「場」から、物質が生まれることもわかっている。モノを生成できるのだ。

世界には、いろいろな加速器がある。身近でいえば、茨城県つくば市の高エネルギー研究所だ。ここでは、光をぶつける実験をしているが、高いエネルギーの光を一点に当てると、真空から電子が飛び出すことが観測されている。

何もない真空のはずではなかったか。そこからなぜ物質が生まれるのだ。

現代物理学では、真空は何もないのではなく、エネルギーが極小の一つの状態であるのだという。

色即是空・空即是色。

もう、解説はやめておこう。

色のところに肉体を置き換えてみたまえ。

いや、わがシェール先生に言っているのだ。

「場」の理論の究極は今のところ、やはり湯川秀樹博士が取り組み、その弟子の理論物理学者の保江邦夫氏が継承している素領域理論であろう。

空間の最小が素領域で、この領域からエネルギーが実在化したものを素粒子とするのが、素領域理論である。

この理論によれば、場の量子論を当てはめる空間は、10のマイナス35乗メートルという、極微も極微の空間の泡である。

では、泡の外にあるのは何か。それが次元もない不可知の領域であり、完全調和の世界であって、そこにはすべてがある。そこにはすべてを生むもと、源がある。

素粒子はエネルギーとして、泡の外の領域と三次元の泡の世界とを出入りする。言うならば、あらゆる存在するモノは、素領域レベルでその源と素粒子によってつながっていると言える。

このテーマはここで終わってもいいが、一つだけ付け加えておこう。

一八五四年、講演を行った数学者のリーマンの二つの予言についてである。

宇宙スケールでは、ユークリッド機何学が破綻して、空間は曲がるだろう。もうひとつは、目に見えないミクロの世界では、われわれは空間の連続性すら考え直さなければならない。空間は泡のような離散的な構造になるだろう、ということ。

ユークリッド幾何学の破綻は相対性理論によって証明され、空間の泡については素領域理論が理論化した。

天才数学者の岡潔先生が、リーマンのアイディアを湯川秀樹博士に伝えたことも知られている。

岡潔は、その究極の素領域の世界を、愛と完全調和と平気で呼んでいた方である。


この項のはじめに、私はこう言ったはずだ。あなたが、岡潔やリーマンや湯川秀樹らと匹敵する天才ならば、ぜひ、今の理論の追求と発展を図り、そのわかりやすい解説を行ってほしいと——。

もし、そうでなく筆者と同じアホならば、どうぞ、わたしと一緒にその「場」を体験しようじゃないか、ということである。体験だけなら、教養・知性・知識・学歴は一切いらない。

最後に一言。

実は、「その場」こそ、究極の意識状態の普遍意識そのものなのだ。その素粒子レベルから行動すれば、病気は治る。願いは叶う。

オクタゴンは、そのアンテナである。札幌の歌姫が、オクタゴンを使って、望んでいたことを現実化した背景の原理を、少し説明させていただいた。

意識の純度が高ければ高いほど、素粒子レベルが動き出す。そのレベルは三次元の時空間を超越した世界であり、身近な現実界では、偶然の一致・シンクロニシティとして起きてくる。

実践哲学・気学は、その意識の純度を高めてくれ、次々とシンクロニシティを引き起こす。だから成功気学ともいう。

あなたに思い出してほしい。

八田誠二ご夫妻のこと。国際的なアスリートとして、気学の実践と学習と全く無関係であった宣子夫人が、ご主人の「気」を察知して、体験を深めることで成功気学に目覚め、無関心であった成功気学の実践と学びに目覚めたこと。

さらに祐気的子どもの出産にも成功した。

また、パーソナル・トレーナーの長野憲次氏の認知症であったご尊父が、憲次トレーナーの祐気保有量の増加とともに、久しぶりに会った親子の間に、それまで不可能であった普通の会話が出来たことを——。

わたしの妻・枝美佳が、行ったこともない幕張の新築の専門学校の正門前で、亡くなったその学校の理事長である小林三剛博士と夢の中で会って、ある事を依頼された。その夢のあと、三剛先生に依頼された内容が現実化したこと。実際に指定された場所が、夢で見た正門とまったく同じであったこと、などなど。

あなたは、これらをすべて偶然ですよ、と片付けるだろうか。

こんな事例なら幾らでもある。

夢もヴィジョンも直観力も意識の純度次第

夢とヴィジョンで言えば、三・一一の東日本大震災のときもそうだ。

那須の御用邸に隣接するロイヤル・バレーという別荘地に、個人的に山荘をもっているが、(また、星風会のメンバーにも開放しているが) 私と妻の枝美佳は、定期的にそこへ行っている。

大震災のあった朝、その山荘で目覚めたとき、妻と私は、お互いに見た夢を語り合った。

枝美佳の夢は、詳細で現実的であり、私の見た夢は、枝美佳の夢に連動する象徴的な夢であった。

両方とも、「大きな災害が起きる」「この那須から安全地帯への脱出を急ぐこと」。そのためには、まず何をやるべきか――現実的な行動の方法まで示すものであったのだ。

東京都内の自宅には、その日三人の星風会のメンバーが集まり、新しいイベントの打合せをする予定であった。

約束の時間に、那須の山荘から都内の自宅に集まっているスタッフの一人、島田三恵子さんに電話を入れ、打合せをはじめたとき、ぐらぐらっときた。

「ごめん、地震だ、切るぞ！」

「はぁ、そうですか、こちらは何も！」

島田さんの話を最後まで聞かずに、プツンとあわてて切った。

東京都内と那須は直線距離で約二〇〇キロ。どうやら、地震の揺れも時間差があるらしい。

こちらが激しい揺れでも、島田さんの声音はのんびりしたものであった。

枝美佳は愛犬のイーちゃんとマナロアを抱えて、私は携帯だけをもって庭に飛び出た。家屋がしなる。八〇〇坪の庭がうねっている。外に駐車しているステーションワゴンが海の舟のように揺れている。庭の桜の木につかまって、二人はその光景を見ていた。

あとで調べると、そこは震源地から、直線距離で九十キロであった。

枝美佳の行動は冷静で的確だった。小康状態で余震は続くものの、戸締りを終えるとすぐに、ガソリンスタンドに行って車の燃料を満タンにし、その足でコンビニに入り、食料品・医薬品、万一トイレに困った場合のための用意などを整えた。

東京にもどる高速は交通不能で、国道に向かった。それまでは、ガソリンスタンドもコンビニもガラガラに空いていたが、時間とともに黒山の人だかりとなる。

都内まで高速道路で、通常二時間程度だが、この日は、停電の中を走って十時間かかって移動した。

東京の自宅にもどった次の日、私は予定どおりオーストラリア・シドニーに出発。枝美佳は空港に私を送ったその足で、京都のマンションに直行したのであった。

先に起こることが事前に少しでもわかると、そのための対応が、無理なくスムーズにできる。われわれが東京をあとにしたあと、メルトダウン、放射能汚染などで国際的にも大きな話題となり、危険視された。

そのときは、すでに安全地帯に私も枝美佳もいたわけだが、そのために何人かの方々に、飲料水や食料の支援すら出来たのは幸いであった。

実践哲学・気学または成功気学を、日ごろから実践して祐気量が増えれば、「意識の拡大」が生じてくると、繰り返し述べている。

「意識の拡大」とは、意識の純度が増すということであり、それは、普遍意識、つまり、素領域の絶対調和・愛の場に近づく、ということを意味する。意識の深さと言ってもいいだろう。本物の直観力はそこから生まれる。情動記憶の領域を超えて、アラヤシキの向かう側に到達できると言っているつもりだ。

ユングやパウリのいう「シンクロニシティ」が多発するというのも、素粒子が物質世界と非物質世界を、しかも非局在としてつないでいるからだとも言える。非局在を別のことばで大胆にいえば、時空を超えて、となる。

さて当分は、物質主義者のシェリー・ケーガン先生がもてはやされ、彼の論理がわれわれを攻撃してくるであろう。われわれ日本人は、社会現象や事象をつねに追っかけているメディアも含め、こういう方に、からきし弱い。念のため、シェリー先生の「死」への対応・考察は現実的には役立つと、拙著「余命3か月　がんは治る病です……」でも認めている。

シェリー先生のような方の存在で、現代医学は「分子」レベルの上に構築されていて、「量子医学」への移行をのぞむとする筆者の立場はますますカゲが薄くなる。

シンクロニシティを起こすコツ

ほぼ四十数年前から、シンクロニシティを追求してきている。あるときは、東京駅八重洲口近くで、中小企業の社長やビジネスマン二百名前後を対象に「シンクロニシティと守護霊」のテーマでセミナーを開いたこともある。

「意味ある偶然の一致」という表現で、一時期はブームのようになったりもしたが、あらゆる現象の奥には何かがある。そうした漠然とした思いが、つねにつきまとってはいたが、意識の探求と、量子力学の進展によって、それが何かに収斂・集約されていく気がしていた。

そのころ、サイエンスライター、映像制作の仕事、二つの専門校の講師としてフル回転の活動をしながら、意識とシンクロニシティの探求をサイエンスと関連づけながら追求し、シンクロニシティの実験も行った。

約五〇〇名の学生を、対象群と非対象群の二〇〇名ずつに分け、一方にはシンクロニシティの解説、それの現象・起きたときの対応とを伝え、一方には一切、ふれずじまいで一定期間のスパンでアンケートをとった。

結果は歴然であった。シンクロニシティを意識したグループは、そうでないグループのおよそ二・五倍位の倍率で、シンクロニシティが起きていた。

それに勢いづいて、実践哲学・気学の祐気採りのあとのシンクロニシティと、尅気の場合のそれとの頻発の度合いをみてみた。

すると、祐気のときには、そのあとプラスのシンクロニシティが起き、尅気のときはマイナスのシンクロニシティが生じるらしいことがわかった。

たとえば、これまで実例をみてきたが、札幌の歌姫の場合でも、パーソナル・トレーナー長野憲次氏の場合でも、また、東日本大震災の発生と夢の場合も、すべて「偶然の一致」といえば、偶然の一致になる。

では、偶然の一致とは何か。

結果に対して、それを生じせしめた原因の必然性が全く不明の場合を指して偶然と言っている。たまたま偶然に、あることとあることが意味あるように起きたというのが、合理的な考え方である。あくまでも偶発的であるとする。

いわば、原因と結果、すなわち因果関係を論理的に説明できない場合を偶然と称している。

しかし、瞑想や成功気学を実践している方には、このシンクロニシティが多発することは、もう必然として納得できる現象なのだ。

では、シンクロニシティが起きやすいのはどういうときか、と言えば、①シンクロニシティが起きることは当たり前と思うこと。シンクロニシティを意識すること。そして、起きたとき、たまたま起きた、と思わず②また起きるだろう。うれしいし有難いと感謝すること。③「意識の純度」をさらに高める、といったわずか三点に留意するだけで、そうでない方より二倍以上は起きやすくなる。

瞑想や星風会で準備し提供しているメソッドは、すべて「意識の純度」を高めるためにある。成功気学は、誰でもとっつきやすいメソッドの有効な一つといえる。

ここで実例をあげよう。十月のパリに二週間滞在の折のことである。

月刊「星風アカデミー」誌2018年11月号の巻頭エッセーから一部を転載しよう。

世界の頭脳と気学
ノーベル賞受賞のライバルを祝う山川考一博士
村田昌謙

（……略）ノーベル賞とフリーメイソンは関係ない。けれど、パリの十月の朝、この界隈を散策していると、ふと、山川考一工学博士の顔が浮かぶ。

少し足を延ばして石畳を行くと、サン・ラザール駅に着く。雰囲気のいいその構内のカフェでコーヒーを、と思ったが、ホテルに急いで引き返した。

じつは、ノーベル物理学賞が発表されてしばらくすると、パリに来る前札幌に居た私に、山川考一先生から一通の短いメールが入ったことを想い出したのだ。

札幌センターで「人間のもつ特徴と弱点」を知る内容のセミナーの最中に、そのメールは届いた。

そのメールの前、ノーベル物理学賞の発表のテレビを見ているときに、レーザー光線の物理学賞という内容に、山川考一博士の顔がテレビ画面にダブって見えた気がした。そんな経緯の山川先生からのメールであったのだ。

WiFiのつながるホテルに戻り、山川先生のメールを読み返し、そしてこのメールの全文の本誌への公表を、ぜひともと、お願いの連絡をした。許可がおりた。有難いことだ。ここに公表させていただく。一字一句、訂正なし、である。

村田昌謙先生

先日はセミナー、カウンセリングともに、お世話になりました。

今年のノーベル物理学賞受賞者は、私の元々の研究分野であり、長年のライバルであったGerard Mourou教授が、受賞されました！

Mourou教授は、画期的な高強度レーザー発生の原理を提案した方で、その手法をさらに新たなアイディアで実験室で実践し、実際に世界初の高強度レーザーを開発したのが私です。

長年国際会議でお互いバトルを繰り返していた仲ですが、自分自身がかかわった研究でノーベル賞が授与されたことは、単純にうれしいと感じました。

次は私がいただきます。

山川考一　拝

一読し、無駄な飾りのない、それでいて、スッキリとした、どこかにユーモアと心地良い決意とが、ないまぜになった一文が清々しい。山川考一時代の到来が待ち遠しい。

たまたま、この稿を書く寸前に、パリの新聞に、なんと山川先生の良きライバルの「ジェラール・ムル」教授のことが載っていたのである。

30年住んだ米国籍のフランス人である。仏に戻ったのは2005年の三碧中宮の時。74歳のムル教授は本命三碧の人であり、三碧中宮丙戌歳の一千倍の大吉方であった（と、乏しい資料での村田の推測）

今回は三人受賞で、その一人の女性の受賞は55年ぶり。キュリー夫人などに続き三人目らしい。しかも米国人アーサー・アシュキンさんは、米国でのムル教授の教え子ということである。

しのぎをけずる世界の頭脳といえども、ムル教授の動きからわかるように、祐気のあと押しは、無視できない気がする。

ノーベル医学生理学賞の本庶佑（ほんじょたすく）博士は、辛巳五黄・九紫・一白の方。

メディアのインタビューにこたえている。

「私は幸運な人生を歩んできました」。

京都に生まれ、四才児ごろ、医師である父親の関係で山口県宇部市へ、軽い尅気で移転。

京都大学へ入学。北東の六白（または七赤。六白が濃厚）で京都へ。これは一千倍の大吉方（60年続く）。

アメリカへ八年間の研究生活のため渡米。東に九紫が廻座。研究・開発・企画や直観力などの大発展の気がまわっていた（60年続く）。

研究成果をあげて米国より帰国したのは、六白のこれまた大きな祐気であった。東京大学へ助手として勤務と研究。

金なし、素材なし、材料なしの三重苦の折、米国に出願しておいた研究開発費の支給が決定という大きな幸運を得て、京都大学へ（六白の効果、60年続く）。

こうしてみてくると、どんな場合でもご本人の能力が土台であるが、その能力がさまざまな条件、状況において十分に発揮されるかどうかは、一般的には「時の運」によると言われる。能力がありながら、不運だった…とされる場合もある。

たとえば、藤波孝生元官房長官。かつてはメディアから「文人宰相」として総理大臣を早くから期待されながら、官房長官として中曽根内閣における大きな躓気を取り続けた結果、ついに不運に倒れてしまった。

私が親しくなってからでは、大凶を冒した尅気をすべて消し去ることもなく、今一歩のところで、残念ながら力尽きてしまった感が強い。

知ってか知らずか、本庶佑先生の謙虚なおことば、

「私は幸運な人生を歩んできました」に、才能＋努力＋幸運の三点の凝縮が読み取れそうな気がしてならない。（以下 略）

※　※　※

パリに二週間前後滞在していた十月に、思い立ってパリから山川考一先生にラインの掲載許可をいただいてＯＫが出た。

月刊誌用に、山川考一先生のラインを原稿に起こしているとき、ライバルのノーベル賞受賞・ジェラール・ムル教授の新聞記事を手にし、教授がフランス人であった事を知る。

月刊誌では、このタイミングのいいシンクロニシティにふれていない。パリで、一カ月前に札幌で受信した山川博士のラインを散歩のとき、思い出す。掲載の許可をパリから連絡しＯＫをいただく。と同時に、ライバルであったジェラール・ムル教授の来歴の記事を手にする。フランス人であった事もその時に知ることになる。

あっという間に記事は整い、原稿を日本に送信が出来た。逆の場合、もし、シンクロニシティが起きなかったら、どうなるか。

極端な場合、このタイミングの記事は誕生しなかった。

①パリの街の散策の途中、なぜ山川考一博士を思い出したか。思い出さないこともあり得るはずだ。

②思い出したとして。メールの公表の許可のため日本に連絡しても超多忙な先生が、メー

ルをご覧にならなかったら、忘れていたら、不機嫌であったら、体調が悪かったら……いくつもの「たら」が連なる。

③ノーベル賞受賞のライバルであったジェラール・ムル教授の新聞記事に私が気付かなかったら。さらに、その前に、教授がフランス人でなかったら地元の新聞にとりあげられるはずもない。

もう一つ。知性派がよく言う、意識するからその情報に気が付き、手に入れる——という考え方である。それはそれで正しいが、しかし、その考え方には一つ大きな欠落がある。「情報」がすでにある、という前提に立った考え方であって、もし情報がなかったとしたらどんなに意識しても、必要な情報には巡り合えないだろう。

さらに、その情報を必要とするタイミングでなかったとしたら。つまり、時間差が大きかったらどうなるか。図書館なり、インターネットで調べなければならない。

だが、山川博士のメールをもう一度、確認していただきたい。ムル教授がフランス人とはどこにも書いていない。

たまたま、山川博士から了解のお返事をいただき、有難いとは思ったが、ノーベル賞を受賞したムル教授の出自、その動きを気学的に解明しようなどとは、髪筋ほども、その時点では考えていなかった。

それがどうだろうか。

山川考一博士からの快諸の返事と同時に、色々なことが「たまたま」重なって、巻頭エッセーに、あっという間にまとめることが出来たのである。

よく分析すると、偶発的な出来事の積み重ねが、一つのテーマに関して起きていることに、お気づきいただけたと思う。

これが、シンクロニシティの妙味だ。

妙味って、どういう意味？　ですって？

ここで言うなら、最も少ない努力で、最も大きな効果を生むということだ。すなわち、「最小最大の法則」が、シンクロニシティによって果たせる。

一〇〇の成果をあげるのに十五〇のエネルギーを費す人もいれば、一〇〇のエネルギーの方もいるし、三〇のエネルギーでいい場合の人もいる。

どちらを選択するかは、もちろん、あなた次第である。

ついでに、せっかくシンクロニシティについて触れているので、もう一通、山川考一博士から本書執筆中に届いたメールを、わたしの返信も含めてご紹介しよう。

村田昌謙　先生

日本はめっきり寒くなりました。パリは如何でしょうか。

ここ最近シンクロといいますか、「おおっ」という良い出来事があまりにも多過ぎ、庸子とともに驚く毎日です。

個人的感覚では「なんか一気に来てるな！」という状況です。

さらなる発展の予兆と期待しています。

それでは春に再びお目にかかれることを期待しております。

山川考一拝　埼玉県大宮より

山川考一　先生

素晴らしい日々、シンクロの連続！　楽しみです。

本来の先生と庸子夫人の実力が発揮されて、最近のはやりの言葉で言う、引き寄せの法則が、活性化されているのでしょうね。

パリは、マクロン大統領が苦労し、今朝の新聞では、マクロンと仲のいいゴーン氏の記事が、前面に出ています。星風会は、副作用のない成功を！　といつも申し上げているのですが、ゴーン氏のブラジル大統領への野心は、どうなりますか？

〜なんて。

春には、先生ご夫妻にお目にかかり、驀進街道の幸運の気に、触れさせて頂きたく、楽しみにしています。

村田康一　筆名昌謙

※　※　※

いかがだろうか。これもシンクロニシティの説明に役立つシンクロニシティではないかと思えて、ありのままを公開している。

山川家の邸宅は大阪にあって、埼玉県大宮というのは、東京を中心とした関東エリアで仕事の打ち合わせなどに、いつでも出向けるようにした仮住まいである。当然、祐気のときに行きはじめている。

山川考一工学博士。世界初の針をさすことなく無痛で「血糖値を測定する機器」を開発し、世界各国から注目されている。ベンチャー企業を立ち上げ、ライトタッチテクノロジー㈱の代表取締役社長として活動中。一方では、国立の量子科学技術研究開発機構における研究にも主導的な役割をはたしておられる。

山川教授の周辺や関係者には、ノーベル賞受賞に縁の深い方々が居られる。その一人のノーベル物理学賞のダイオードで有名な中村修二教授も、山川考一博士とともに、「有望な若手の論文国際コンクール」でともに入賞したりしている。

尅気を冒して渡米した山川博士の負を背負った知的奮闘には、ただただ頭が下がる。もっと早くその才覚・知見・発明を認められてもいいはずであった。

初対面の折、気学に理解を示していた庸子夫人の求めに応じて、成功気学の話をしたとき、山川博士は「わかりました。やってみれば、わかりますね」と、一言を発した。

それからの山川先生の動きは見事であった。科学者らしく、自分の未知なることには、肯定もせず否定もせず、その解明のために素早く一歩を踏み出した。その探求心こそ、真の科学者なのだとあらためて感動した。

いま、山川博士は庸子夫人とともに、私が勝手に名付けた「量子気学」を行動のベースに置き、自らの実験と体験とを重ねている。

シンクロニシティが起きて当然とも言え、前にもどこかで書いたが、「山川時代」の到来を楽しみにしている。

第4章

意図的シンクロニシティを起こして「運命を創る」

気学の究極の一つ、意図的シンクロニシティを起こす

これまで、シンクロニシティについて、その事例を幾つかみてきた。

シンクロニシティは、物理学者のパウリと分析心理学のカール・グスタフ・ユングが研究し提唱した。

「意味ある偶然の一致」といい、日本では「共時性」とか「同時性」などと訳される。

せっかくここまできたから、一応、ユングの定義を紹介しておこう。

「体験者あるいは目撃者にとって重要な意味を持つ偶然の出来事で、それによって一種の覚醒あるいは悟りに近い感覚が得られるもの」となっている。

「……それによって一種の覚醒あるいは悟りに近い感覚が得られるもの」は、実はそうした心の状態、つまり、そうした意識状態のとき、シンクロニシティは多発するのだ。

ただ、そうした意識状態を日常のなかではなかなか体験できない。とは言え、全くできないわけではない、できるのだ。ただ、しかし、どの状態のとき自分がそうした状態であるかを知らないし、無意識にその状態であるかを知らず、無意識にその状態になっている

瞬間もあるのだが、知識がないから、多くの場合、気づかないことが多い。

無我夢中のとき。全く知性（理性）を離れて、何かの瞬間に超越して意識の深い状態に入っている時、チクセントミハイ教授のいうフロー状態のときに、ユングのいう「……一種の覚醒あるいは悟りに近い感覚が得られるもの」となる。

夢・ヴィジョン・直観……それらが未来の予知であるなら、一瞬であれ、まさにその心的状態のときなのである。たとえば、岡潔のような天才は、そうした持続する心の状態の中で数式を解き、組み立てていったのではないか。

あなたがもし、類いまれな知性派で知能指数が脳科学者の中野信子さん並みに二〇〇もあれば、それだけで満足してはいけない。その知能のはたらきをしばらく停止させ、フロー状態の意識に入り、もうひとつの知恵と一体化し、然るのちに、この現実界にもどり、知能指数二〇〇の働きともう一つの知恵とを合体させることで、新しい一つの前人未到の数学的定理なりを創りあげることが可能だろう。ぜひ、やってみたまえ。天上界の岡潔先生が、愛の喜びの波動を贈ってくれるに違いない。

分析心理学の泰斗、カール・グスタング・ユングは、そのシンクロニシティを三つのカテゴリーに分けている。参考までに項目だけをあげておこう。

1　内面と外界での事象の一致
心に思ったことと、現実とが一致する

2　遠隔視
ヴィジョンと現実の事柄の一致

3　予知
ある心の状態や夢や直観が、未来に起きる事との一致。あとから確認。

シンクロニシティと一言でいっても、非常に様々な多様性を含む。ここでは省略するが、考古学者のフランク・ジョセフは八百人以上にインタビューして、同時にさまざまな文献から実例を収集した結果、じつに十七種類のシンクロニシティのパターンに分類もしている。

その中の一つに、人間のルーツを明らかにすることも入るが、これも、わたし自身が直接いろいろ体験し、発表している。しかし、ここでは割愛させてもらうしかない。

　ここで言いたいことは、気学の実践は、シンクロニシティを多発させる。いわば「最小最大の法則」を、それこそ最大に活用することができて、現実の人生を、より豊かにできることは間違いない。

　しかし私は、三十年前から主張してきているのは、単にシンクロニシティが起きるのを待つのではなく、「意図的にシンクロニシティを起こす」こと、としている。

　成功気学の面白いところは、それができるのである。シンクロニシティが起きることを待つのは受身であるが、待つのではなく「意図的に」起こすのである。

　いうならば、目的に合わせて偶然を引き起こすこと。これが、気学の究極の一つの達成の姿だと思っているからだ。すなわち、「自分の運命は自分で創る」ことになる。

　セミナーでも「意図的シンクロニシティ」を起こすようにと、発言している。

　そんな折、一昨年だが、昨年かに、「わが意を得たり」と思う理論を発見した。

　スタンフォード大学のジョン・Ｄ・クランボルツ教授の「計画的偶発性理論」である。

　教授は言う。個人的なさまざまなキャリアの八割は、予想しない偶発的なことによって決定される。それゆえに、その偶然を計画的に設計し、自分のキャリアを良いものにする理論ということである。

これは、誰だって飛びつきたくなる理論に思える。そのための心構えとして…と色々あるにちがいない。

だがあなたに、ここでもちょっと振り返っていただきたい。わかりやすい事例が、「札幌の歌姫」のことだ。

星風アカデミーで開発した「オクタゴン」を使って、シンガーソングライターとしての才能を伸ばし、仕事を増やす事を願って行った結果、作詞や作曲の依頼がどんどんきたり、有名歌手への楽曲提供のオファーが相次いでいるという事実……。オクタゴンを活用するときに意図したことが、一年後に、次から次へと現実化している事実――。これが「意図的シンクロニシティ」の一つの現われなのである。

くどいけれども、ここで確認しておきたい。

星風会独自（いろいろ独自のメソッドがある）のオクタゴンもＯＲＳも瞑想も、成功気学も、方法や仕組みは違っても共通のものがある。「気」であり「意識」であり「波動」である。

オクタゴンを使って歌姫は、意識し、気を動かし、高波動化と一体化して、普遍意識に無意識だが近づいた。すると素領域における素粒子の活動化が、絶対調和の「場」と彼女とを結びつけたと想像できる。その非局在の場は、時空間に縛られない世界である。

そうすると、彼女の望むことがらは、いともたやすく必要な要素を引き寄せていく。それが、現実化したということになる。

すべては五感を超越した世界で生じ（原因）、それが波動が粗になるにつれ物質化・現実化（結果）していく。すると、当然五感でとらえられる現実界での実在として人々に認知される。

では「意図的シンクロニシティ」はどのようにして可能か。そのためには一冊の本を書かねばならないが、簡単にアウトラインだけを述べよう。

実はあなたは、ここまでお付き合い下さったから、答えをすでにご存知のはずだ。

因果関係、つまり原因と起きている偶発的な事象という結果の筋道が、論理的に説明できないから、そういう場合を、偶発とか偶然だと言っているとした。

しかし、素領域的な発想からすれば、万物は、一つの共有する不可知の場から成り立っているが、残念ながら、そこは意識化できない。だが、存在する。しかもあらゆるものを生み出す「単一の場」として。ならば、あらゆるものに共通する場に連絡するとどうなるか。時空を超えてつながることになるはずだ。

この目に見える世界は多彩で千差万別。しかし、元をたどると同一の源にたどりつく。それゆえにこう言うではないか。

一即多。または、多即一。

これを発明した人々は、量子物理学を学んだのではない。その単一の絶対調和の場に行って体験し、この多様性の相対界に出てきて叫んだのだ。いや、呟いたかもしれぬ。

一即多。多即一。いやいや、こうも言えるぞ、色即是空、空即是色ともと――！。

こうなると、われらがシェリー・ケーガン先生は、物理主義者からみれば、空は、カラだよ。カラっぽ。空（くう）とは物理主義なら言うわけないが、命がなくなれば死であって、死は必ず訪れる。そのあとのことは、葬儀社の仕事でオシマイだよ、諸君！　とシェリー先生は歯切れよく断言するだろう。シェリー先生は、仏教は苦手だった。

駄弁が過ぎた。要するに、「意図的シンクロニシティ」を引き起こすためには、大きく三つあげられる。

絶対条件の一つは、「意識の純化」である。

二つめは、「意識の純化」のために、その方法を知って実践すること。成功気学の正しい理解にもとづいた実践である。

三つめは、目的の明確化である。目的があいまいだと、素粒子もどこへ行くか迷ってしまうだろう（笑）。

具体的にはいろいろあるが、必ず「意図的シンクロニシティ」が起こせる。

波動の高低と意識の純度は深い関係

いま、あげた三つの条件というのは、これによって「意図的シンクロニシティ」を引き起こすことが出来るわけで、これこそ、自分の運命は自分で創ることにふさわしい。

「意図的シンクロニシティ」というのは私の造語であるが、シンクロニシティが、偶発性であるため、理屈屋さんは、矛盾したことばだと批判しそうである。いうまでもなく「意図的」というのは計画的・意志的であって、偶発性・偶然の逆の意味だからだ。

ふつうに言うシンクロニシティは、偶発的な事象が生じたときに、期待しないでいたために、ハッとして気付く。だが、気付いただけでも、立派である。一般的には気付かずに見過ごしてしまう。

大事故につながるシンクロニシティは、必ずあるわけで、気付かすに見過ごしたあと、大きな災難にあってはじめて、その災害に気がつく。当たり前といえば当たり前のこと。だが、それを未然に知ることは出来ないのか、として生まれたのが「ヒヤリ・ハットの法則」。そう「ハインリッヒの法則」であることを、あなたは思い出すはずだ。

大事故の前に、少なくとも三〇〇の小さな予兆があるはずだ、というもので、本書ではすでにふれている。当然、これも負のシンクロニシティであり、事前の予兆を、この成功気学では「象意」ということばで表現している。


さて、「意図的シンクロニシティ」を起こすために必要な条件を、前段でふれてきているが、偶然の共時性を計画的・意図的に起こすためには、たとえ仮説であろうとも、そのメカニズム・仕組みを知っておいたほうが実践の強いモチベーションになるため、量子物理学・素領域理論をかいつまんで紹介してきた。

共時性、意味ある偶然の一致は、成功気学の実践が深くなるほど生じる、としてきた。

それは事実である。事実であるかどうかは体験すればわかる。

繰り返すことになるが、十代前後・二十歳前後にかけて、東京において、「小市民的生活に甘んずるな。二十歳前後における志が、天下国家を相手にせず、マイホーム主義とは唾棄（だき）すべし生き様だ」という考え方の人物たちの中でもまれて育った。

わたしの潜在意識には、「マイホーム主義」は唾棄（だき）する発想と生き様というビリーフが刷り込まれていた。明治維新はほとんど二十代の情熱と大志によって成し遂げられたという、激しい刷り込みの中で育った。

学生運動の激しいころの残り火があって、私がたまたま就職した会社が、作家の佐藤愛子さんが直木賞を受賞された「戦いすんで日が暮れて」のモデルとなった出版・教材会社であった。

そこの社長・大池文雄氏は思想家でもあり、のちに転向したが、二十代で共産党地区委員になった大物の理論家・活動家で、この社長の元に様々な人物らが交錯していた。大池先生には個人的にも接することが多く、かなりお世話になっている。

私自身もいろいろな騒動の渦中にあって、身の危険も幾度かあった。事実、関係者が撲殺されたり、私を可愛がってくれていた小説家で、京都大学出身の激烈な哲学者のX氏が九階のマンションから飛び降り、その遺体のぬくもりを感じながら、救急車を呼んだり、社会運動家、詩人、作家のなかで、揉まれに揉まれた。ある美大で教えていたアートディレクターで詩人の大森忠行氏に、美大の代講を頼まれたりもしたが、「一人一殺主義」やらアナーキーな雰囲気の中で青春を過ごす。

三島由紀夫・林房雄・山口瞳・岡潔・開高健・長谷川龍生・浜田知章・大池文雄・徳間康快などなど、お名前をあげるときりがない歴史に残る方々だ。

何を言いたいか。今から言えばアナクロニズムと冷笑されようが、その当時、私の発想のなかに「家庭」をもつ、家を構えるというものはなかった。

その私が、刷り込まれた「マイホーム主義を軽蔑する」という発想からようやく脱出できたのは、五十代の半ばを過ぎてからである。マイホーム主義を排する発想は、立派な家庭をお持ちの前者の方々のせいにしてはいけない。私の剋気による私の勝手な思い込みによるものである。

それには理由がある。拙著の「余命3か月　がんは治る病です……」に詳しいが、四歳から十八歳までの十四年間を、戦争直後の東京から南西諸島に移転・移住したことによる。

「幸せな家庭」を築くはずの南西の気は、マイナスにはたらくと家庭を壊し、ひどくなると、文字通りホームレスとなる。

私は十四年間というもの、大きな厚い南西の尅気を冒していたのだ。

これでは「家をもつ」とか「家庭を築く」という発想を持てるはずがない。易経や気学について何十年間と考え続けて体験してきてわかるが、**「気」は人間の発想・思想・ビリーフにまで作用する。**

東京に戻ったのが、六白太歳方《たいさいほう》一千倍の大きな幸運の気であったことが、大きな幸いであった。

東京にもどってからの大きな祐気は、歴史上の人物たちに会えたり、大きな引き立てを受けたり、実力以上の栄光とか名誉なことを受けたりする。今思えば、象意通りのことが起きていた。

有り難いことに、幾つもお見合いもあり、その大人物たちのご紹介によるだけに、渋谷の松濤の高級住宅地の白亜のビルに住み、ヨットを持つ温厚な父親と東京女子大学四年生のお嬢さんとのお見合いは、なぜか強く印象に残っている。三カ月お付き合いして、私の方から身を引いた。理由は覚えていないが、上品な父親のガッカリした雰囲気が、今でも印象にある。

また大池文雄社長から紹介された、浅草の老舗のお嬢さんとのお見合いも有難く悩んだが、やはり私の方から丁寧に断った。

著書を何冊か書いておられた大池文雄先生は「本当にいいんだな、お断りするのは構わないが、あとで…ということはないんだな。もう一晩考えて、あした返事をくれ」。

当時、わたしの頭の中に、「家庭」をもつ、という発想がなかった。

変化したのは、五十代半ばになってから。ようやく古い刷り込みの尅気から脱出できてからである。

三回離婚し、四回目の結婚のとき、ようやく家庭をもつ安らぎを得た。十四年間の幼いころからの尅気は六十年続くが、たまたま、それに重なりながら、東京に戻ったとき、六白一千倍の強さの祐気によって助けられた。尅気と祐気とがせめぎ合いながら、わが人生を彩ってきている。

長い年月の観察がない限り、祐気や尅気の作用はわかりにくい。

私事を書いたのは、意図的シンクロニシティのための伏線でもあるからだ。

私は、健全な一般の方から、約二十年遅れていると思っている。一周遅れどころではない。体力にしても才能にしても、だ。

五十半ばを過ぎて結婚し、いまの妻、枝美佳に洗脳されて（笑）、ようやくマイホームを営むには、その器の「家屋」が必要。不動産が必要だと気がついたのだ。どこまでバカか！

そのバカが、気学を実践して、前にふれたように、ようやく不動産を何カ所かに所有できた。じつは、無一文の私が不動産を手に入れることが出来たのは、「意図的シンクロニシティ」を使ったからだ、ということを言いたいのである。

その意図的シンクロニシティは、まず自分自身の波動を高めることが第一歩である。

幸いに波動については、瞑想の理論と実践を早くから行っていたために、自身の波動が高まることで、高波動の存在と共鳴できることも実感していた。

東京で、ある先生から「君は理系に進みなさい。ウルサイほどの理屈は、理系に進んで鍛えることで洗練され、才能も伸びる」と言われたり、ある教授が、「私を手伝いなさい。天才の研究は面白いぞ」と、数年間個人的にお手伝いしたが、脳のはたらきと脳波と波動の相関関係も、その延長線で面白かった。瞑想の同期でもあった国立大学の小児科の先生でもあり、のちに学部長になる同年代の教授とも「超能力と脳の関係」で脳波からの変化を調べ、科学雑誌に記事を書いたりした。

それらが、すべて、波動に結びついた。

万物には波動がある、と確信した。

自分自身を人体計測器のようにして、対象の波動を推測したり実験を繰り返し、一流の人物ほど波動が高いことも実感し、幸せとか、ツキと波動は関係があると考えるようになった。もっと言えば、人に会った瞬間、その人の波動がわかり、モノなら手にふれただけで波動数値が浮かぶくらい鍛えていた。

気は波動をもち、いい気はいい波動を出し、高い波動は、意識の純化を深める。あるいは、意識の拡大を促す。そして、その意識の究極の場が普遍意識であり、別の言葉でいえば、素領域の絶対調和・単一無雑な場、あらゆるものを生み出す源、ということになる。

「意図的シンクロニシティ」を起こすには、実は一瞬でいいから、ここに接触する。または近づくことだと言っていい。

学歴も教養も知性も不要。純であればいい。

一瞬でいいのだ。長く居すわってもいい。が、一般的社会生活者には、長く居すわる必要はない。そこにずっといることの出来る人を、聖者という。もしかすると、岡潔先生や湯川秀樹先生は、そこへ到達して、しばらくして現実界にもどり、研究に取り組まれた可能性もある。

さて、その波動について、元・教師であり障害児童の支援教師としても活動している島田三恵子さんの手記を「強運を創る～２０１８年の展望」93ページから引用しよう。

その手記の中には、筆者の島田さん自らが見聞きし、気付いた貴重な要素が幾つもあって、参考になるはずだ。（「強運を創る～２０１８年の展望」93ページより転載）

村田昌謙との出会い

村田先生に出会ったのは、もう二十年以上前になります。

きっかけは、大学時代の友人の元教師の彼女の繋がりで「子育て講座」というセミナーでした。その講師が村田先生でいらっしゃいました。彼女の娘さんを通わせている私立幼稚園の教育熱心なママ友からの紹介でした。「子育て」というセミナーでしたが、いかに両親の意識が子供に影響を与えるかという事を「波動計測器」によって実際に体験させてもらえる、というものであり、同時に実践哲学・気学的子育ても知りました。

水に入れたペットボトルに、生徒の私たちが「ありがとう」と声掛けし、測定するとすぐに数値が上がるのです。そうしたことの二、三年後でした。「ありがとう」の言葉が、流行し始めたのでした…。その時、私たちは、言葉のもつパワーを数値で知る事ができたのです。

それぞれの腕時計や宝石、いつも身に着けているものが自分にプラスかどうかまでわかります。実は自分のエネルギーを、その物が下げている場合や自分のエネルギーを物に与えてしまっている場合もあるそうです。心身の高波動化を図るために、村田先生が開発された高波動シールや高波動カードは、計測数値の範囲が（＋）21～（－）21のところを超えて＋９９９という桁違いに高い数値を表していました。

また、村田先生が生徒から渡された小物を手に取って、そこにＯＲＳをかけるとマイナスの数値の物が、＋９９９の数値に跳ね上がります。私も早速伝授していただきましたが、簡単に習得できるのにとても効果が高く、使っていると「シンクロニシティ」がよくおきるのです。

気になる人のことを考えているとその人から電話がかかってくるのは、よくあることです。

難しい交渉事では、思わぬ応援があったり、相手の理解があったりと自分の考えに及ばないラッキーな出来事に恵まれる事もあります。そして、まさに村田先生の凄さをシンクロニシティによって知るのです。

日本にたった二台だけ…高波動計測器と村田先生

ある日、娘の塾の先生に私が「気と意識と波動」の勉強をしていることを話すと、当時その先生はホーリスティック医学協会の中川教授のご子息とお知り合いで、その方の講演が天満労働会館（当時）であると聞き、出席してみました。医療関係者が溢れる中、懇親会に何の考えもなく参加しました。ある女性に波動計測器の話をすると、側にいた別の男性が、「僕も波動計測器を持っています」と興奮したように話に入ってきました。

当時まだ波動という言葉も珍しかったので、おどろきましたが、彼は整体の治療院を経営するT院長で、中根工学博士の研究所の測定器のバージョン3（普及版・アニューで取り扱っているもの）をお持ちでした。

ところが、村田先生のもっていらした測定器は、特殊なものでバージョン3よりも桁数がはるかに高く、より高度な機能と精密さを持つタイプで、日本には2台しかないものだと聞いていました。開発された中根研究所が1台と村田先生が1台所有しているとのことです。

その会場で「波動計測器」のことと村田先生から波動オペレーターの訓練を受けていることをお話ししていると、そのT院長が「そういうことなら、中根博士の講習会に行きませんか」と言われ、参加したのです。

講演終了後、中根博士の著書にサインを求め、長い列に並び、自分の番になって中根博士の前に立ちました。すると、中根博士と親しいT院長が、私を特別に紹介してくれました。

「この方は、村田昌謙先生の所で勉強されています」

うつむいてサインに熱中していた中根博士が、ハッとした表情で顔を上げたのです。そして、二呼吸ほど無言で私の顔をじっと見つめて、ゆっくり、おだやかに、はっきりと言いました。

「村田先生…あの方は、めったにいらっしゃらない方ですよ。その先生とお知り合いなのか…」そのただならぬ雰囲気にT院長が逆に驚いてしまったようです。

伝説の人、村田昌謙の能力

帰り際にＴ院長が「村田先生って、一体、どういう方ですか」と私に質問する有様でした。なぜ、中根博士が、あれほどの反応をしたのか不思議に思ったのは、Ｔ院長も同じらしく、私にこう言いました。

「中根博士に詳しく、村田先生のことを聞いてみますよ、わかったら島田さんにもご連絡します」

中根工学研究所に村田先生のことを聞いたＴ院長からお電話が入ったのは、三日後のこと…。

「島田さん、レジェンドだよ、レジェンド。あの村田先生は、中根工学研究所で伝説の人なんだよ、伝説の人なんです」

と興奮したお電話。驚いたのは私のほうです。毎月村田先生の「子育て講座」は目からウロコで驚いていましたが、波動の世界でも、そうだなんて…。

なぜなら、村田先生の子育て講座を受ける二年前に、私は、あの有名な船井幸雄（故人）

のセミナーで、中根博士の波動の講演をきいていたのです。船井幸雄コンサルタントとは、主人（故人）の関係でよく知っていました。

中根博士の講座は、カイワレ大根に音楽を聞かせて育てると、波長によって成長変化するというものでした。その中で「波動」という言葉に初めて出会っていたのです。そしてその頃私は（二年ほど前だったと思う）中根博士に会っていたのです。それから、二年後、再び博士にお会いしたわけです。まさかその博士から村田先生のことを伺うとは思ってもみないことでした。

偶然のいくつもの重なりに、心の底から驚いていました。まだそのころは、偶然の意味の深さにも気付かないでいました。

その後、T院長がビックリして電話をしてきたわけです。

「村田先生は、中根研究所で普通三か月かかるところを、波動計測器を二日目からすぐ使う事ができ、計測できたという、伝説の人なんです。研究所では、知られた方だそうです」

世界の能力者 ユリ・ゲラーの波動を見破った村田先生

なぜ、伝説なのか…。

一つは、二、三か月の訓練で波動オペレーターとして資格が得られるところ、二日目から計測できたこと。

二つは、中根博士が、当時国際的に有名なユリ・ゲラーと日本の霊能力者の気エネルギーを注入した名刺サイズの二枚のカードを、誰にも内緒でさりげなく応接間においてあった。オペレーター面接に来た村田先生が待たされている間にその二枚の波動の違いを、明確に言い当てたこと。もちろん一切の情報は与えられていない状態の時です。

三つは、雑談中の休憩時間の余興に、中根博士夫人のアクセサリー・貴金属の三〇点前後を、村田先生が手に持ち、高い波動・低い波動、人体の臓器に良い作用、悪い作用を言い当てたこと。研究所には、十数台の計測器があり、それぞれオペレーターがいる。「これは自立神経系にプラス一五です。これは、身につけない方がいいブレスレット。マイナス二前後です」などと村田先生が手に持って判定すると、すぐ測定器にかけられて、次々と数値が報告されます。

先生の主観的判断と測定器のそれとが一致していたということ。

しかも、これは、村田先生がうまれてはじめて、横浜の中根工学研究所に訪れた初日のことであったというのです。本当に驚きです。

以上は、T院長と中根先生だけでなく、後で確認し、まとめました。村田先生にも確かめて「事実ですよ」ということです。ちなみに、のちになって村田先生は、中根博士の高波動測定器のソフト開発にも協力されたとのことです。

もっと初期のころ、専門学校の村田先生の研究所で出会った一号機の波動計測器は、中根工学研究所のバージョンで、何故か私の手元にやってきました。でも、今は、先生のところに預かってもらっています。

当時二台しかないうちの一台の高級な最新機器は、先生の所にあり、日本で一番精妙な波動エネルギーを測る事のできるものだということです。ちなみに、その時の船井総研のセミナーはロイヤルホテル（今の大阪リーガロイヤルホテル）でありました。

年に一度の大きな会で、月読命様に毎日『弓』を千本射って神事をするという方が第一部にありました。第二部は三分会に分かれ、どの会にでも好きな会に参加しても良いというものでした。

一つは、帯津良一氏、一つはニコニコ王国代表の方の講話で、もう一つが、まだその頃は珍しい「波動」についての中根博士の講話の会に参加して、今でも博士がお話しされている姿を覚えています。

こうして時代の先端を走っていたと思っていた私は、村田先生がすでに波動について実践されていたことに驚きを禁じえませんでした。

村田先生はさらに一歩進めて「主観の科学」を提唱していました。

波動→気エネルギー→意識。これは、一つの実体の三つの側面であると、何回も聞いています。さらに量子の世界こそが、主観科学に肉迫する分野だとも。そのとき、気学は科学になるとも。

本当の意味はまだ理解が行き届いていませんが、祐気採りをすると波動が高まる…その結果は波動オペレーターの私にも確認ができています。

その波動の高まりによって（比例して）意識の広がり（深さ）もある、ということも観念的には理解できています。本当の理解は量子的世界に踏み込む必要があるでしょう。そうはいっても、さしあたり大切なことは、体験と実践です。体験によってその世界（普遍

意識のレベル）を知りたいと思います。その一つの手段が、実践哲学・気学なのだと思っております。（以下　略）

※　※　※

心の状態ですら、本当は当たり前なのだがキチンと波動で計測できる。想いとか、思いであれ、思念であれ、憎しみであれ、逆に憎悪とか嫌悪とかも波動であって計測できるから、イェール大学のシェリー先生は、物理主義者とおっしゃるけれど、物の究極をつきつめると、理論上は物理主義者はついに形而上学者になる可能性もあるわけだ。

さて、わが敬愛するイェール大学のシェリー・ケーガン教授に献げたい。わたしの体験のずい分前の手記がある。教授にはご一読いただき、物理主義者の立場からのご意見を賜りたい。

「強運を創る～2007年の展望」22ページからの転載である。

久しぶりの幽体離脱
黄金の杖

村田昌謙

それは二〇〇五年十一月に始まりました。

わたしは久しぶりに、二、三人の立会いのもとで、深く自己催眠状態（変性意識状態）から瞑想状態に入りました。

しばらくして幽体離脱（意識が拡大）し、美しい地球を大気圏外から見ていました。

スピリチュアルなガイドとともに、わたしは、わたしの今生の自分の使命を、はっきりと再確認し、美しい音色のするチャイムを手にしながら青い地球のまわりをゆっくり巡りました。人々に目覚めのチャイムを鳴らして宇宙の意思に添って、その方向性を示す水先案内のお手伝いをする自分の姿がそこにはあります。

ある惑星に行き、華麗な宮殿のなかに浮いている自分の意識、光そのもののような女神の存在にご挨拶するわたし……華麗な美しさがあるのに、すべての物質的質量感が全く消滅し、淡彩で透明感ある朝がすみのような存在感…ふわりと一切が浮いているとしか表現しようのない半透明な異次元の世界が展開されています。

ことばを並べると、繊細・優美・華麗な存在と空間、そこには一切の肉感的なものがありません。豊かさと静かな喜びに満ちた至福の空間とでもいうのでしょうか…。

わたしは、透けてみえる女神のような光の存在に、地上にもどる際に、お土産をいただけますか、といつものように、素直におねだりをしました。

静かな微笑とともに、その存在は、黄金の杖をわたしに授けてくださいました。

両手で捧げ持つように、黄金色に輝く杖を頂きながら、わたしは、問いかけます。

「ありがとうございます…この黄金の杖の意味するものは、なんでしょうか……?」

すると、声なき声とでも、いうべきでしょうか。次のようなメッセージが、直接、わたしの胸に届いてきます。

一つ、やがて一時的であれそなたにこれが必要となる
二つ、財運をもたらす杖
三つ、新しい時代を拓く真の仲間と、裏切る者とを識別する杖

ありがたい気持ちがあふれ出る一方、最初の意味、やがて一時的であれ、杖が必要ということには、反発を感じ、いささか不満です。

なぜなら、まだ杖をつくほどの歳でもなく、さらに、風邪すらひかず、いたって健康で、ここ十数年、病院や薬のお世話になっていないという自負もあったからです。

しかし、二番目の財運をもたらすという意味、には大歓迎！　ぜひ、そうあってほしいし、この予言だけは、現実のものとならしめたまえ、などとムシのいいことを強く願ったりしたものです。

三番目の、星風会の活動に理解を示し、新しい時代にふさわしい意識改革にともに歩む仲間（メンバー）の増大は、グループのシナジー効果を高め、地球と人々に少しでも貢献するために必要なことです。一方で仲間たちの足を引っ張るような、自己中《ジコチュウ》は困ります。

だから、この役割をもつ黄金の杖は、財運とともにありがたい存在です。

わたしは、黄金の杖を手にして、自分の使命を果たすためにも、何万人ともいうべき一騎当千のパワーをもつ味方を得た思いで、深い感謝とともに地上にもどったのです。

その後、現実の生活で、とんでもないことが起きようなど、そのとき至福に満ちていたわたしに知るよしもありませんでしたが……。

地上にもどる前に、人類の未来の姿や社会を見せてもらいました。さらに、近未来の一〇年後の星風会とメンバーの姿もあざやかに見せていただきました。

詳細は後日にゆずり、ここでは、先を急ぎましょう。

（中略）

しかし、数年ぶりに行った一昨年一一月の幽体離脱は、意識的にしかも第三者を立会いにして行ったものであり、明確な意志のもとに体験したことがらです。それ以前の大きな体験は、自分の守護霊交代のときの体験とその直後の幽体離脱でした。その記述は別の機会にゆずりましょう。

こうした体験を最近の新しい心理学やトランスパーソナル心理学では、これまでと違って正面から取り扱うようになってきていますが、しかしわたしは、こうした体験を、そうした関係者の方々にも、一種の「メタファ」として説明することにしています。

まだまだ、教育（子育て）や社会教育訓練に、こうしたことを採用するには、担当者やトレーナーの方々の体験と知識が乏しく、フレームが堅いのを知っているからです。もちろん、わたしの周辺には、理解が深く、それを企業内訓練や教育現場にとり入れようとするトレーナーの方々や担当者の方々が、何人も活動されています。

―閑話休題

ともあれ黄金の杖の、メタファ（三つの意味）と現実との関係について、急いで述べましょう。（以下　略）

※　※　※

さて、ここまで、いかがであろうか。

現代科学のみを真実とすれば、おそらく、その体験は脳の起こした幻覚作用か、そうでないならば、村田の作り話か、のどちらかになる。しかし、自分の名誉のために言えば、断じてわたしは詐欺師ではない。また、作り話ではなく、そのままを、どちらかといえば控えめに書いているつもりだ。

とすれば、あとは脳の錯覚であり、幻覚ということになる。

では、百歩ゆずって、脳の錯覚だとしようではないか。

黄金の杖のことをご記憶だろうか。それには三つの意味がこめられていた。一つはやがて杖が必要になること。二つが財運をもたらすこと。三つが、星風会の真の理解者と裏切るものとを識別するという三つのはたらき。

その手記を記述したのが二〇〇六年（平成一八年）で、その本が発行されたのが、二〇〇七年の一月十六日である。

もう一度確認する。幽体離脱は二〇〇五年の十一月。現実的な突発的な出来事は一か月後の十二月に起きている。手記にし、公表したのは二年後である。

地方へ行くために、東京駅の地下駐車場から、新幹線に向かう階段で、いきなり激痛におそわれ歩行困難になり、救急病院に行ったのが、二〇〇五年十二月七日。その一か月前に黄金の杖の三つのはたらきが示されている。

病院を転々とするが、原因不明。文字通り杖を必要とした。友人のK氏が、年寄り臭くならぬように、雨傘の特製の杖を作ってプレゼントしてくれた。その杖が、黄金でこそなかったが、形状がそっくりであり、びっくりした。じつは、黄金の杖のことは、裏切るメンバー、背反者の識別の事もあって、誰にも打ち明けられなかったのだ。

腰と股関節の痛み。

頼みもしない、黄金の杖に似た杖をプレゼントされたこと。

まず黄金の杖の、三つのはたらきの一つが実現したのに驚き納得しながら、今更ながら意識の世界の時空を超える次元の作用に敬意をもちつつ、物質世界のわれわれの一人でも多くが、いかにしたらそこに気づき一般化できるのか、と考えていた。

周りの人々は、突然の腰痛として、腰を大事に！　などとなぐさめの葉書などが届いたりした。この年、那須の別荘地の八〇〇坪が、知人の資金援助によって、手に入ったのも、まわりには不思議がられた。

だが、それらの事は序章に過ぎなかった。

二〇〇六年の一月に、小康状態を経て仲間の星風会のメンバーとパリに行き、その年十二月に仲間十数名とアラスカに行く。滞在中のアンカレッジのホテルで「ヴィジョン」を見て、自分は「がん」だと確信。

帰国して年明けの早々、病院に行った。国立のA大学で「大腸がん」が確定し、入院手術となった。

入院中に見舞いに来た星風会のメンバーの方が、点滴器具のカートをつけた私とお茶をしながら、語った内容が面白かった。

「先生、ある方々が、星風会をつぶす、と息巻いてますよ。……どうしますかねぇ」

入院中の私は、その頃、心の中が充実し、意味もなく不思議な喜びに満ちていて、そのお話も、どこか遠い国か他所のことかと思えるほど、何も感じなかった。その講師の先生の思いやりが有難くはあったが、心の中に波風がたつことは一切なく、穏やかな平安が満ちている心の状態だったので、にこやかに聞いているだけであった。拙著の「余命3か月がんは治る病です……」に、入院中の不思議な心境にもふれている。

大腸がんの手術が終わり、退院してからも、思いがけない資金援助や大きな入金があり、そうしたおかげで、退院後、ニューヨークへ毎月通うこともできた。

黄金の杖の予言は、ピタリと現実と一致している。

関西では、信頼していた人物が自分の組織を作り、星風会で学んだことを、そっくり自分が講義していた。七、八〇名の仲間を連れて辞めていった。なかには、反社会組織の組の名前で脅迫してくる方もおられたり、同じようなグループを作り、星風会の有力メンバーに「ついに、ムラタを超えた。大きな組織もできたので」と勧誘したりもあったようで、勧誘された人物は笑いながら言った。「〇〇さんは、村田先生を超えたと言ってますぞ」。

二十代前半、生死にかかわる修羅場で鍛えられ、どうにかくぐり抜けてきたことからみれば、事件の起こり方が次第に弱くなってきてはいるものの、冒した尅気の根深さを、ことあるごとに思い知らされる。

こうして黄金の杖の三つはことごとく、現実化していった。

では、黄金の杖というのは、当初述べたように百歩ゆずって、脳の幻覚だとしよう、と言った。

しかし、予言された三つの現実と黄金の杖の予言の一致はどう説明したらいいのか。

これも偶然で片付けるというのだろうか。

物質現実世界では、その因果関係は永遠に説明することは不可能である。そうであるなら、物質の究極は「素領域」空間であり、普遍意識の場と考えたほうが自然である。

これも偶然と言うのか

ここまで書いているところへ、オーストラリアのアデレードに行っているパーソナル・トレーナーの小田島政樹氏からラインが入った。

（略）……年が明け一月は出だしがゆっくりであったものの、終わってみれば、昨年一月と比較すると約2倍の売り上げがありました。

また、プロの野球選手やサッカー選手等のつながりもでき、昨年7月にご一緒した南アフリカで採った、六白の祐気にある球技の象意がでているのではないかと思います。

（以下 略）

※　※　※

わたしのコーチング気学を学んでおよそ一年を経たかどうか。小田島氏は義に篤い雰囲気のパーソナル・トレーナーだ。六白には球技、という象意は正しい。当然だと思ってふれてないだろうが、六白にはスポーツやスポーツマンも象意に入る。本書に関係する部分を転載・引用しているが、精神的なゆとりや今後のこともふれていて、成長発展は、まだまだ序章の一歩にすぎず、これからの大きな飛躍が期待される柔道二段の青年トレーナーである。

同じくパーソナル・トレーナーの木村祐太氏のラインをご紹介しよう。

ようやく三十才を越したばかりの木村氏から、昨年、パリのオペラ通りのスタバに居るわたしにラインが入った。新婚一年弱、自分でも思いがけない喜びというおめでたの報告である。しかし、その前のラインのごく一部をご紹介しよう。

昨年、先生とご一緒させていただいた南アフリカの祐気研修。その後、自分の仕事が倍速で流れていきました。

ＩＮＳＴＡＧＲＡＭでは五千人だったフォロワーが四万人を超えました。

四〇〇人ぐらいしかいなかったＬＩＮＥ＠の登録が、２４００名になりました。

お陰様で体験の募集を行うと、あっという間に埋まるようになり、集客で困ることがなくなってきました。

（中略）

アカデミー誌一月号を読みながら、村田先生のおっしゃっている、

「才能＋努力＋ツキ」

に対して、努力が置いてきぼり（笑）に気付きました。（以下略）

※　※　※

実際はかなりの長文であるが、ほんの少しの部分だけを抜いた。

前の小田島トレーナーの売り上げ二倍、この木村トレーナーのインスタグラムとラインのフォロワー、登録数の爆発的な上昇に、どのような合理的説明が出来るのだろうか。哲学者でありながら、どこかヒョウキンなわれらのシェリー先生、どうお答えなさるか？

本人の努力⁉　たまたま偶然⁉

わたしの立場は明々白々だ。祐気ということばで象徴されるミクロの世界、素粒子の世界は、この物質的現実的世界であり、一瞬のうちに関心がわずかでもある存在に伝播する。共鳴作用を起こす。素領域理論を思い出してほしい。

それが現象化した結果、売上げが倍増しインスタグラムのフォロワー・ライン登録者が、爆発的に増えるという結果を得る。神秘でも超能力でもない、当たり前の法則なのである。

ここで木村祐太トレーナーのユーモラスな表現を思い出してほしい。……努力が置いてきぼり。うん、いいところに気付いた。これが、本当の意味での「最小最大の法則」なのである。

これらを計画的に意図的に偶然を起こせたら、どんなによいか。それをみていこう。

意図的シンクロニシティの数々の試み

少し繁雑だが、背景と状況説明を許していただきたい。

当時、「意識の探求」をしつつ、フリーの人間として、講師稼業に加えて、映像と活字の両方の分野で多忙な活動を続けていた。

その一方で、「世界の宗教と神秘を研究するグループ」に誘われ、所属していた。だんだん深入りする自分に「これでいいのか？」と疑問を持ってもいた。

そんな折、そこのトップにセクハラされたという七、八名の女性の周辺の関係者から、「どうにかして欲しい」という相談を受けた。

そのグループは、トップの意向でいつしか宗教法人になるべく活動を続けていたが（後に、宗教法人化に成功したらしい）、どこか違和感があるものの、トップの理念とするところには共感していただけに、そういう問題が起きるとは信じられず、聞き流していた。

セクハラされたという女性に直接相談されてはじめて、それが本当だとわかり、トップに直接会って諫言した。それがキッカケで大きな騒動となった。メディアも動き、六十億脱税問題もからんで想像もしない騒ぎが起きた。

こういう騒動によくあることだが、「権力闘争」に起きかえられ、「村田本人がやったセクハラをトップに置き換えた」という情報が、そのグループの全国のメンバーに行き渡っていった。資金力と組織力を誇っている組織だけあって、メディアの一部を使ってのことだろうが、写真入りで攻撃の矢面に立たされた。

反社会組織だか、闇の組織だかわからぬが、尾行やら盗聴もどき騒動、さらには拉致されるとの情報などが入り乱れ、都内の自宅（借家）は一時期見張られている感覚があったりもした。

幸い力のある有名な弁護士がついてくれて、ある種の安心も得たが……。

そんな状況の折、一時期、東京から身を引こうと決意した。結婚して一年もたたない中での騒動であったから、一番の被害者は妻の枝美佳であっただろう。

意識的に尅気を冒すという実験は、すでにやめていた。平成四年くらいから、チャンスをつかんでは、祐気採りに励み、普段も祐気的生活を心掛けていた。

その団体と縁を切ってから、夫婦でアラスカ・北東の祐気を何回か採ったのは、ピンチの打開であった。北東（八白）の祐気は、窮状を打開するのに効果がある。


さて、ここからが「意図的シンクロニシティの実験」に入るものだ。

アラスカから帰国して二日後、事前に計画して、京都への引っ越しを決めていた。

私には恩人が何人もいるが、京都のその方も七赤（ご主人）と四緑（夫人）のご夫妻で、恩人である。老舗一五代目のご夫妻が、マンションから一切を手配して下さった。


平成六年。京都は、東京からみて西である。その京都に年盤八白・月盤八白・日盤八白・時盤八白が在泊しているとき、枝美佳の運転で車で京都に入った。

こんな場合、荷物は前でも後でもいい、運送屋には二日後に京都のマンションに届くように手配。

では、八白の意味は何か。人生の最も脂が乗り切った五十代半ばの時期に、すべてをすてて、新しい土地への引っ越しである。

ゼロからの出発——。

そのためには、どうしても八白土気が必要なのだ。

復活・再生・すべて一時ストップし、人・モノ・金が再び集まる。窮状打開。不動産（家屋）。これらが八白土気の祐気に期待するものである。

必ず復活して東京に戻る。これが、最初からの意図である。

幸運と不運のはざまに——

早くも翌年の平成七年、ある方の寄付によって、南の祐気先の京都市内に建売ながら、駐車場付きの三階木造家屋が手に入った。しかも、偶然の形で、大阪の伝統のある専門学校・予備校への「子育て講座」の講師も決まった。

中年期、ゼロからのスタートと言いたいが、実は騒動前に、団体の親しいメンバーから借金をしていたが、騒動とともに、弁護士を通じて複利の利息を含めた返済を迫ってきた。そのため正しくはマイナスからのスタートだった。だから、徹底して祐気的生活を心掛けるしかなかった。

祐気的生活とは？　自然と人間との調和が第一であると考えられる。とすれば、攻撃されても攻撃しない。誤解されても受容する。人を批判しない。バランスのとれた木火土金水の食事に気をつける。食事と健康は意識とかかわるからである。それほどむずかしいことではない。

繰り返しで恐縮だが、当時の口ぐせは「天道人を殺さず」、これに加えて「堪忍の　なる堪忍は　誰もする　ならぬ堪忍　するが堪忍」だった。

これはかなりむずかしい。

天道とは祐気的生活と同義語ともいえる。

我慢すること、ちょっとしたことで相手を堪忍してさしあげるような堪忍なら、誰だって出来るが、我慢できないようなことを、我慢するのが本当の堪忍というのだから厳しい。

「怪人」と称された徳間康快社長は、実に大度堪忍の人物だったろう。

奈良の薬師寺管主の故・高田好胤師の金堂や西塔などの伽藍の復興のために、求めに応じ、何億円もの寄付をしたが、まわりは、高田管長の著書の発刊が欲しいためと言われながら、大赤字で刊行を続けたと聞く。

高田管長の色紙「忍び忍んで、なほ忍ぶ」そんな人物だからこそ、世界に誇るアニメ界の巨匠、スタジオ・ジブリの宮崎駿氏などを育て上げた大プロデューサーでもあり、出版・映画などメディアの怪人と称されるのであろう。三年間お世話になったが、不思議な魅力をもつ人物だった。

二十代のはじめ、こうした人物に拾われたのは、南西諸島から東京へ戻った六白一千倍の祐気の賜物であり、私の二十代における処女出版二冊の出版記念パーティーも、発起人としての徳間康快社長の指示によるものだった。

また、当時のソ連映画界へ、前年度の大島渚監督のあとをついで、その年の日本代表の映画人として、二十代のわたしが招待されたのも徳間康快という大人物の後押しによる。

そうした大きな幸運を、傲慢にも当然の顔をして受けとめていたが、一方では、南西の十四年間の剋気も吹きだし、素晴らしい栄光に輝くチャンスのあとに、仕事上のどん底などを経験する。南西の剋気は、家庭と仕事上の不運もある。才能発揮が抑圧され、怠け者的生活に陥りやすい。二十代の栄光、三十代の多様・多彩な仕事上の活動は、華やかではあったが永続性はなかった。同時に膠原病の疑いで、あと五年という命の宣告を受けた闘病生活がはじまる。

体調の小康状態を得たころ、サイエンスライター、映像の仕事、執筆活動と講師稼業を続けているさなかに、さきほどの団体との縁が出来た。

あっと言うまに五十代に入っていた。

その研究団体のトップはひとまわり年下の方であったが魅力的で、その理念に共鳴した。世界の平和と人類の救済・発展……自分自身の非才を恥じていたから、この人物の手伝いが出来るならと思い、そのグループで活動を続けているうちの、セクハラ問題だった。はじめて聞いたときは信じられなかったが、このトップが反省し、やり直して下さるなら、との思いである方法を思いつき、一対一でお会いした時、脅迫され、本性がわかり落胆した。

この人物に一生を捧げるには、あまりにも自分がみじめだと思った。わたしの真意を洞察できない程度の人物だったかと、あきらめた。しかし、身代わりにならずによかったと、時間が経つにつれて痛感し、あきらめて正解だったと思っている。

それ以降、これまで述べた通り、京都に一時、身を引くことにしたのだった。

もう剋気の実験もやめよう、意識の探求というライフワークがある。自分の道を往く。そう決めたころ、一本の電話があった。京都の老舗の十五代目の、七赤の私より若い人物からであった。京都への移転を決定的にした電話であった。

尅気と祐気のせめぎあいを知ろう

前にふれたように、この頃から気学によって、「意図的シンクロニシティ」を起こす、ということが明確なテーマになった。

南西諸島の十四年間の大きな尅気のあと、六白金気の北東へ、太歳方（たいさいほう）一千倍の大きな祐気という東京にもどれたことが、寒々しい運命からの大転換となり、大きな花を開くきっかけとなったことを、もうこのときは、はっきりと認識していた。

しかし、くどく何回もいうが、十四年間の尅気は尅気として、すぐには消えない。が、重なるようにして、六白の強烈な祐気も押し寄せ、それが幸運のチャンス、すなわち「シンクロニシティ」を起こす。

尅気と祐気のせめぎ合いが、吉凶のあざなえる縄のように人生を複雑にするが、いつまでも同じ調子の強さで、どちらも続きはしない。起きたエネルギーは、盛大にもなるが、やがて滅衰していく。特に意識（気）エネルギーは、形になると消える。

ところで、京都に身を引いて、若い恩人にお世話になっているさなか、就職活動もしないのに、大阪の老舗の専門校・予備校の理事長から声がかかり、三年契約の講師とわざわざ、新しく作って下さった東洋哲学・心理学の研究所に所属することになって、京都から通勤となった。

これらの幸運は、小林三剛先生やハワイ大学の吉川宗男名誉教授の後押しがあったからではないかと、思われる。

ある浪速の主婦から「先生、ええわ。京都に住んで、大阪で仕事しはるってオシャレ！」と言われて、キョトンとしていた。

意図的シンクロニシティのためには、書くことが大切

しかしここまでは、一般のシンクロニシティの多発であるが、私の場合の「意図的シンクロニシティ」は「復活」であった。

そのために、小学校五年から書く習慣のあった日記を使って、毎日または一日おきに、ノートに目的・目標をタイトルのように、書いた。

・東京にもどる
・小林三剛先生の鍼灸専門校に入り、国家資格を得る
・鍼灸院として角地で二か所出入り口の建物と活動拠点を得る

関西では拠点はすでに出来ていた。

これまた大きな恩人であるが、北井秀彦氏、その兄上の北井孝彦氏、ご両親の北井宗一ご夫妻であった。なんと新築のビルの二階の一フロアーをまるごと無料で貸与ということだった。それまで芦屋夫人とご一家のことばに甘えていたが、ようやく、キチンとしたビルの二階のワンフロアが拠点となった。

さらに、新しいテーブル・椅子・大型のモニター用としてのテレビその他も、すべてを準備して下さったのである。三〇名から五〇名のセミナーが楽にできる。

星風アカデミー東大阪センターのオープニングパーティーには、元官房長官の藤波孝生衆議院議員をはじめ、北井家の応援で大勢が集まった。有難いことに、「子育て講座」の受講生のお母さん方も参加された。

誓った再生復活への第一歩と予言

さて、省略して先へ急ごう。

京都に八白の年月日時で入ったから、気学の法則が事実なら再生復活できて当たり前のはずだ。その通り、その当たり前のことが、ちゃんと起きたのだった。

一九九九年三月、関東医療学園に入学。まるで入れ違いのように、小林三剛先生逝去。

京都から東の卯の年、うれしいことに太歳方（たいさいほう）一千倍の八白が東に廻座で大きな祐気。そこから専門学校は東南のやはり大きな祐気。

これで目的や夢が果たせないなら、気学は捨てる、と思うほどの計画通りの動きがスムーズにできた。これ自体も有難いが、その上、妻の希望通り、新幹線にも、羽田空港にも、成田空港にも近いのだ。四つの条件がピタリと一致するのは、東京・荒川区の西日暮里であった。たまたま、都合よく空いていたマンションを借りた。

新しいことをスタートするという、本書のはじめのほうでも述べた一白中宮の年でもあった。しかし、京都に家はあっても、東京はまだマンション住まいである。

鍼灸師（あんまマッサージを含む）の国家資格を得たら、鍼灸院の建物が必要。法律の規制がある。住居と一緒なら出入り口二か所がなければならない。それらは角地の二階建の建物がいい、京都に居るときから決めていた条件だ。

二〇〇二年、国家資格取得。約一か月単独で、二黒がまわっているシドニーに滞在。帰国して、千葉の方へ木気法とメンバーの護符奉斎のため、神社の裏山へ行く。そこでヒョロリとした掃除のおじさんとスピリチュアルな会話。ここでは省略するが、彼が「いま、そなたが望んでいることは、近々実現する。それより上のお方が、そなたが必要なら二十億円つかわすとおっしゃっているが……」

二十億円を丁重に断り、「わたしの望みは叶うと言ったが、その望みはご存知か？」

「……角地の物件……手に入るそうです」

と、彼はやせこけた体を折り曲げて私に言った。会話はずい分続くが、本稿と関係あるところだけを公表している。昔のアカデミー誌には、載せてはあるが……。

いろいろな条件が、次々に解決されてゆく

その年の秋、ヒョロリの掃除夫の予言は当たった。地元でたまたま知り合ったおばさんから、角地の税理士事務所は移転するのよ、売るらしいけど……との話。早速、そこを紹介してもらった。たまたま角地の二階建てで、玄関が二か所あった。しかも、不動産屋に出る前の物件だった。

シドニーの不動産の二黒の象意の通りで、中古物件だが、私には十分であった。

しかし、マンションから真西五〇〇メートル。そこは暗剣殺であった。が、信頼する人物お二人から購入資金を借りて、即売買契約を結んだ。もちろん、暗剣殺で入居したら、それこそ大変であるが、その年は七赤中宮の年。七赤の西の祐気は、京都に住んでいたからあるはずで、問題は五十年前の南西七赤の尅気がどれだけ吹きだすか、祐気と尅気のせめぎ合いだと思った。

たまたま、お二人の方から借金できた、ということは、約四十年前の尅気より最近の祐気が強いとみていいが、油断はならない。借したお二人が、早く返して欲しいという場合もあるからだ。だから、西の暗剣殺は絶対に冒すことは出来なかった。

私は枝美佳をともなって、その年、たまたま、祐気先のニュージーランドへ太極を移すために居を構えた。二〇〇二年九月節にニュージーランド。帰国は十二月の十五日前後。

購入し改築したあとにニュージーランドから帰国して入居。

新居は東南から西北の大きな祐気で、また八白がまわっていた。京都の家は、しばらくして売却をしたが、二軒目の持ち家であった。すべての条件が整っていて可能になった新居である。東京にようやく拠点ができた。ＪＲの駅、地下鉄の駅から五分前後の場所で、その他モノレールもできた。

紙数がないから、こまごました事は省略しているが、京都で再生復活を意図し、それまで自宅の家をもつという発想すらなく、中年までやってきて、ようやく、京都で目覚めた。だから、一般の方々より十年から二十年、発育が遅れていると申し上げている。その未熟児のわたしが、はっきり、「意図的シンクロニシティ」を意識して活用したことを理解してほしい。

何に共鳴し、そこから何を得るか

ここに至るまで、どれだけの「偶然の積み重ね」があったか。「たまたま」ということばを意識して繰り返しているので、お気付きであろう。

たとえば、千葉の神社の裏山でのヒョロリさんの話は数多い予言に満ちていて興味深いが、物件のことだけを取り上げた。

これを聞いた千葉に住むM氏が、その神社の裏山に行ったところ、確かにヒョロリさんがいたという。しかし「ただの掃除のおじさんですよ」と、彼はみんなの前で語ったが、私が話を作っているとでも思ってのことだろうか。

あのとき、私がヒョロリさんと、バケツに灯油を入れて、古い護符のお焚き上げをしながら延々と話しこんでいるのを、枝美佳は遠目で見ていた。「また、うちの主人、変な人と、はじまった……」そんな表情であったが、帰りがけにそのヒョロリさんが「よければ、書棚か机の上かに置いといて下さい。きっと役に立ちます」と3cmか4cm前後の身長の小さな人形をくれた。西日暮里の家の掛軸の横に、その家を手放し、京都・桂坂に自宅を得るまで長い間、飾っていた。

M氏には黙っていたが、ヒョロリさんを輝く魂とみれば、輝く魂に見え、ボロ雑巾をまとったただの掃除人夫とみれば、そう見える。われらがシェリー先生も、ボロ雑巾だけを直視なさるだろうな、と思える。

何に共鳴し、何と交流するか、で相当の違いが出てくる。物質の相対界だけを見るのは、その奥の存在に気付かず美味しい世界を味わうことなく過ごすであろうが、もし、そうだとしたら、人生の半分しか生きていないことにもなりそうだが……。

まあ、そんな堅いことは言わず、その半分を全部であると当人が思い込んでいれば、その限りにおいてご当人には真実だから、それはそれでいいのではないか。

意図的シンクロニシティのまとめ

いろいろ、角度を変えてみてきたが、シンクロニシティは、わたしのライフワークである「意識の探求」の一つの現象であるため、書きたい内容は山ほどある。

しかし、その内容は多彩であるので、別の機会に一冊にまとめることにして、ここでは、「意図的シンクロニシティ」を引き起こすための内容を箇条書きにしておこう。

前にもふれたように、「意図的シンクロニシティ」というのは、わたしの造語であって、辞書を引いてもない。

一般のシンクロニシティとどこが違うかといえば、偶発性・共時性を待つのではなく、それを積極的に創る、という点である。

運命を創る、と同じことなのだ。

一般のシンクロニシティが、どちらかといえば受け身で「待つ」のに対して、意図的のほうは、積極的に、無から有を生み出していく。

断言するが、あなたが本音で願うことは、成功気学・意図的シンクロニシティを活用すると実現する。もし、実現しないとか、望みがかなわないとすれば、あなたが「わかったつもり」になって、自惚れているからだ。気分を害しても言っておきたい。周囲の方は、あなたに嫌われたくないから、そう言うのを遠慮している場合が多い。

「わかったつもり」は最も恐い落とし穴だ。

知らぬ道　知ったふりして　迷うより
聞いてゆくのが　ほんの近道

とは言っても、迷いに迷って進む道も、また、楽しからずや。それもまた人生……！

人様より二〇年未熟の私が、幼いころ母親から刷り込まれた道歌。

なせば成る　なさねばならぬ　何事も
成らぬは人の　為さぬなりけり

これは、成功気学を実践すると骨身にしみて納得できる。徹底して祐気的生活を実践すると「成る」んだな、と心底わかる。

わたしは「なさねばならぬ」当たり前のこともできない意志薄弱のズボラ人間で、徹底したぐーたら怠け者の虚弱体質だった——と繰り返しいう。しかし、今は違う。ようやく一般の標準並みに努力する力も身についてきた。

「強運を創る～２０１９年の展望」に、あの優れた知性派でありながら、真の胆力のある津布良直也氏の一文がある。

なぜ、彼を胆力のあると表現したか。あるとき、極真空手から破門された空手の荒くれ有段者から、なぐり込みをかけられたとき、尻込みする日ごろ豪快な人物の中で、「先生、私が守ります。同席させて下さい」と、唯一私に同席した胆力は普通ではない。その彼の一文を引用しよう。

……（略）当時、村田先生は五十代前半頃であり、視点の広さと思慮の密度が、当時の自分からしてみれば各段に高く感じられ、

「気学なぞをお使いにならなくとも、先生ならば、十分やっていかれるでしょうに、なぜ気学をお使いになるのでしょうか」などと、今となっては、誠に馬鹿らしいけど、率直な質問をしたことがありました。（略）当時の私にまともな答えをしたとしても理解できないであろう。それに面倒だしと、やや韜晦《とうかい》した答えをされたのでは（略）……。

津布良直也氏と会ったのは、二十数年前のことであった。やや韜晦《とうかい》した私の返事であったことは間違いない。当時は韜晦《とうかい》趣味があったことも事実だから（笑）。

なぜ気学を使うか。あのとき、尅気の人体実験（自分自身の）と祐気との比較記録を採りつつ、過去にさかのぼっての自分の尅気を測っている最中であり、津布良氏の質問は、あまりにも直球でストライクゾーンのど真ん中であった。その一、二年後のことである。「意図的シンクロニシティ」を打ち出し、人生の土台に置こうと決意したのは……。

では、その意図的シンクロニシティを、箇条書きにしてまとめよう。

前にふれたように三つの前提条件を思い出してほしい。それを細分化すると、次のよう

になる。

三つの前提条件

※意識の純化（心身の高波動化）
※成功気学の理解と実践
※目的の明確化

1　シンクロニシティを意識すること
2　シンクロニシティが起きたとき感謝すること
3　目的を明確にする
4　その目的をありありと描き、書くこと
5　前の3と4とを、二、三か月間繰り返す
6　目的とそれへの道すじの目標に沿う祐気行動プランを作ること
7　必ずフィードバックによって、修正作業を行う

8　必ず、人生のどこかで「植福」を行うこと

ざっと以上である。星風会では、時折わたしがお気に入りのワークショップである「夢実現・目標必達極意の2日間セミナー」を開く。これを受講した方が、「意図的シンクロニシティ」を目指すなら、植福とともに、鬼に金棒である。

祐気効果を確実にし、シンクロ多発の極意

幸田露伴の有福・惜福・分福・植福のことと、アダム・グラント教授の、ティカー、マッチャー、ギバーを思い出してほしい。

文中、さり気なく「祐気的生活」ということばを幾度となく使ってきたが、当然、意識してこのことばをすべり込ませている。

祐気的生活の身近なものは、食生活や生活のリズムであり、木火土金水の気エネルギーのバランスのとれた食事と生活リズムだ。が最も重要なことは、分福か植福を、どこかに入れること。特に植福は重要である。

分福・植福は、他人のために何をなすか、である。分福は、福を分け与える。植福は将来のために、福を植える。ということで、これまで紙数を割いて説明してきた。

これからの提案は、気学を実践する初心者にはわかりにくいか、納得しがたいようだ。しかし万一、気学の実践がおろそかになっても、植福の実践は祐気効果をあげる。気学と一体化すると、確実に持続的成功に結びつく。

では、実例をあげて、何が植福的祐気の実践かを説明しよう。

パリ午前四時、日本はお昼ごろか。東京にいるパーソナル・トレーナーの坪田知也氏と、医療機器関係会社の栗田一男社長とのやりとりが続いた。

新人のお二人に依頼した重要な植福

わたしが、美中年と名付けたリチャード・ギアこと栗田一男社長、さらに野生派のイケメンと名付けたパーソナル・トレーナーの坪田知也氏の二人に、次のような過酷なアドバイスをしてパリに来た。

※二月中旬、日本から最南端。オーストラリアのアデレードで、気学的奉斎を、グループを作って二人が代表で行く。参加者は誰でも受け入れること。

※アデレードのホテルは、ヒルトン・ホテルにし、シドニーは観光で、お好きなように。

※わたしが行けないので、ひとりの十代の女性を同行、お世話をしてほしいこと。

※可能なら、星風会の祐気採りに詳しい旅行会社・㈱阪急阪神ビジネストラベルを使うこと。

この四点を伝え、旅行代理店に連絡し、十代の女性のご両親に報告。さらに、星風アカデミー誌に、星風会の祐気ツアーとしてお世話人お二人の名前をあげておいた。ただ、お二人の逃げ道は作っておいた。

この設定は、村田の希望であって、お二人が了解するかは不明で、中止もあり得る、とした。

これは確かにひどい身勝手な話だ。お二人が立腹して、場合によっては、星風会辞めます！　というかも知れない…とも懸念される。確定的な返事がないまま、日本を発ってパリに来た。現在二月十七日。栗田美中年社長から、長文のラインで返事がきた。

アデレードはヒルトン・ホテル宿泊。シドニーはシャングリラホテル。お嬢さんの父親ともご本人とも電話で話したというご報告。

よくもまあトップクラスの、シャングリラホテルを……、と内心嬉しくなった。

お二人宛に、四〇〇字詰原稿用紙、四、五枚分の内容の注意事項、その他を書き、写メで送った。

とにかく、ちゃんと実行して、しかも真意を理解してくれて、飛び上がるほど嬉しかった。

一般に祐気採りの海外旅行は、①格安ツアーを狙う　②単独でいくか、気に入った友人とだけ行く　③個人手配で費用を安くあげる……。これが普通であり、一般的である。

わたしは、それをやめて、逆にするように、いつも主張しているが、馬耳東風である。馬の耳に念仏。九十九％が聞き流されてしまう。

それもそうだ。お金・時間・体力を使って他人に気を使いながら、旅行なんかしたくない。ひとりのんびり、たっぷり祐気を採る。それはそれで間違ったやり方ではない。ただ、それは普通だと言っている。

わたしがアドバイスするのは、「少しムリをする」ことを言っている。いつも安いエアチケット・安い宿・ホテルを探すな、と言っている。ちょっとムリしない限り、今のレベルから飛躍しにくいよと、可能ならエアチケットもビジネスクラスで、と言っている。

祐気採りをすると、いい事が起きる。それぞれの体験を聞けば、喜びに満ち、ゆっくり休養もとれ、人脈は広がり、仕事量は増え、収入も増大する。それはそれでいいことなのだ。そのために気学を学び、実践している。しかし、それはご本人にとっての、喜びである。むろん、自然な形で身内や周囲にも伝播して、いい事が、結果としても起こる。

わたしが言っているのは、結果としてではなく、**意識的に事前にそれをやろう、それを含めた祐気採りをしよう**、ということだ。

坪田野生派イケメンと栗田美中年社長に、理不尽にも押しつけたのは、それであった。海外旅行が初めてのお嬢様のお世話をしつつ、一流ホテルに泊まり、ついでに他人の代理奉斎もする、という手かせ足かせだらけだ。

よくお二人が承諾したものだと、パリでその連絡を受けたとき、喜び、有難く、一方では申し訳なさの気持ちも湧いてきた。

しかもシドニーでは、トップクラスのシャングリラに泊まるという。その裏側には、高級日本料理店があるが、恐らく三人で行くだろう。少しのムリ、は必ず発展・飛躍につながる。それが意識のはたらきの妙味である。

お二人には、ミミッチィ祐気採りはミミッチイ効果を生む。作用・反作用の法則は、どこでも働く、とお伝えしてある。ただし、アダム・グラント教授もいうが、効果・成果には時間がかかる…というように、短気を起こさず継続して実践していると、人間は人間を裏切っても、**「天は復すことを好む」から、倍返しがある。**新人には体験がないから納得できないだろうが。気学を二十年やっていても、本人は気づかぬが、分福もなし植福もない祐気採りや気学の理解だけでは、常にその効果に不満をもつ。

たまには人の世話をしろよ。植福をしろよ、と言いたくなるが、これは絶対のタブー。言っちゃいけない。

ただ、これだけは言える。ティカー・マッチャー・ギバー以前に、人間を二通りのタイプに分けよう。

あなたは人の世話になるタイプ？

あなたは人を世話する側にまわるタイプ？

どちらでも自由。祐気効果は後者の頭上に輝くのは間違いない。

また、ホテルについて、ヒマラヤの聖者から助言されたのは、精神世界の人だからと思っていたからか、意外な内容だった。
「ホテルに泊まるなら、出来るだけ一流にしなさい。三流には三流の波動しかない。そこからは、三流の心しか生まれないのです」

さて、植福についての具体的見本をあげよう。数多くおられるが、許しを得て、久伸輔医師と八田誠二社長があげられる。いろいろな方を星風会に紹介、お世話してくれている。もし、それに金銭の授受が発生したら、それはビジネスであり、植福ではない。医師が人の命を助ける働きは無料なら植福、有料なら仕事である。

人の幸せに寄与する、最もいい方法は、魚（お金）のプレゼントでなく、その釣り方を教える（または、そうした学びの場に案内する）ことだ。いま、栗田社長と坪田トレーナーが実践のさなかにいる。

タイスの思想は、収入の一割を教会に寄与するというキリスト教文化圏の考えであるが、何もお金である必要はない。

じじつ、先にあげた長野・木村・小田島各トレーナーたちは、八田社長の紹介によって星風会で学び、実践して様々な成果・効果をあげつつあって、その報告の末尾には必ず八田社長に感謝とある。

星風会の理念とその方法とが本物である限り、人それなりの幸せを得るとすれば、紹介者への感謝は、天への福の貯金となる。これが本当の植福である。なぜなら易経にあるように、「天は復（かえ）すことを好む」からだ。天に預金したのは何倍にもして当人に返すのが、天の喜び・働きだからである。

アダム・グラント教授がいうように、少し時間がかかるが、確実に成果はあがっていく。目先の利のみを追っている間は、この事に気付くことはないだろう。

自力と他力を十字に組むと爆発的効果がある

これを総まとめにしたい。

自力とは自力本願、他力は他力本願で共に仏教用語を借りていて、現実の宗派では発想が対立する。しかし、ここでは、そのことばを借りて、次のことを言いたい。

自力とは、自分の才能・性格・資質や努力の総合力を指し、他力とは他人の力ではなくもっと大きく根本的な、自然の法則を指す。

つまり自分の人間力のすべてに、自然の法則の力を、がっちりタテ・ヨコ十字に組むということ。そして、十字に組んだ全存在の力が、すなわちあなたの実力だとしたいのだ。

自力は尊いが、自力だけでは「我」は強くなるものの、その分消耗も激しくストレスだらけだ。他力だけでは、単なる怠け者にすぎないし、自力がなければ、そもそも他力ははたらかない。

成功気学の理解と実践は、必ず「最小最大の法則」がはたらく。すると、時間にゆとりが生まれてくる。だからこれまでのように、仕事があるので「祐気的生活」はムリという生き方からの逆転がはじまる。現実的仕事に追われるのではなく、その質量がより上質で量も増えるために、祐気的生活が容易になるという、仕事と時間に追われる生活が逆転する、と言っているのだ。

逆転してしまえば、人生が楽しくなると同時に、植福や分福の喜びで、脳からはオキシトシンやセロトニンなど幸せホルモンが分泌しはじめる。それが加速し、人々の幸せと平和な環境に貢献することになり、善と福の循環が回転しだす。

時間のマトリックスを見ていただきたい。
これはビジネスマンなら九割の方が知っているはずである。私もセミナーでさんざん取りあげてきた。まず、日常を重要なこと、緊急なことから区分して、四つの領域に分けてみよう。

	緊急	緊急でない
重要	A 締切のある仕事。 クレーム。会議 突発事項。	B 能力開発。 将来への布石。 準備学習。 人脈拡大。
重要でない	C 世間話の訪問客 や電話。 義理の付き合い。	D 無駄。 暇つぶし。

A領域　とにかく緊急なこと。事故や発病、仕事上ではクレーム。突然の仕事、上司の電話など。締切りの仕事。

B領域　将来への布石、学習、準備、能力開発、企画、情報収集、植福。

C領域　無駄な人間関係、意味のない長電話、義理の付き合い。

D領域　時間の浪費、意味なくテレビでごろ寝。

この四つの領域をよく見て欲しい。
極端にいえば、二十四時間のうち、どのような配分になっているか。

サラリーマンの場合は、二種類作る必要がある。定年退職か、途中で独立するかによって違ってくるが、大切なことはBの領域を増やすこと。または充実させること。

時間に追われて、ほとんどAの領域で過ごし、Bの領域のパーセンテージが極端に少ない四十代までの方は、将来かなり大変である。Aが大の人は、不運で不安定な運と私は定義している。将来性のある人は、B領域が大きい。その日暮らしに近く、時間に追われている場合はAが大きく、疲れ果てているためD領域も結構大きい。

さて、面白いことに祐気的生活の実践者はAがだんだん小さくなり、Bが拡大していくことに気付く。自然災害の事故から人為的事故、たとえば仕事上のミスや不渡手形などの被害に遭わない。クレーマーとも会わない。

A・C・Dが縮小していくので、必然的にBが拡大する。分福から、次第に植福へと行動が可能になって、能力もじわりじわり開発向上していく。

本書の初めのほうでふれた星風会の現実的達成項目を想い出していただきたい。

B領域が拡大する結果として、時間力・経済力・健康力・奉仕力に恵まれてゆく。

これらを土台にして、あなたはあなた独自の人生の価値ある目的を現実化されてゆくこともできるだろう。

あなたが、心身に満ちあふれる祐気的人間であるならば、あなたが、ただ存在するだけで、ご家族は当然として、職場もしくは地域全体に調和のとれた波動を自動的に発して、環境の浄化と人々の平和に貢献することになる。

久伸輔先生の手記の前に

「あとを継ぐ人なんぞ考えることない」という意味合いのことを言ったのは火星人こと、津布良直也氏ではなかったか。

そのことばに内心ニタリ、としたが、古くて新しい道を拓《ひら》くべく宇宙に放った一閃が、ちゃんと届くかを誰かが一億年後に確かめて欲しい欲求がある。

それには忍耐と貫徹していく持続性と、もっと大切な「名もいらぬ」不敵さが必要だろうと思う。

非才な私の、ささやかに爪でかいた傷のような成功気学の方向性を確かなものにする大才を期待して、たとえば、美中年の栗田社長や野生派イケメントレーナーの坪田青年に過酷な依頼をしたのも、そういう思いが背後にある。

時折、わが内から吹き出るマグマのような身勝手さは、闇の宇宙に放つささやかだが強烈な一閃の如き成功気学の軌跡を追跡、強化する人材を求め、時に無茶な注文をする。実はその一人が、このあとに続く久伸輔医師であり、この人物に、どれだけの傲慢な態度を私はとってきただろうか。

祐気ツアーの団長として依頼し、手かせ足かせをかけて幾度、過酷な注文を出してきたことか。

つねに、ほめたたえてお守《も》りをしなければならぬ人物の剋気につき合えるほどの祐気のない私には、優しく、はがねのような人材が必要であり、堪忍大度の祐気の人こそ、成功気学のモデルであり、リーダーにふさわしい。

二黒十年の苦しさを知らぬ六白はモノにならない。それが今、二黒十年の辛苦を越えて、六白らしい輝きをもちだした久伸輔先生の足どりから、成功気学の有効性をみていただきたい。

【特別寄稿】

破壊と新生への刺激王、村田昌謙先生

病院院長・日本ホメオパシー協会会長
久伸輔

ここ数年に起こった私の一連の体験について書かせていただきます。家族や仲間も含めて私の身の周りに起こってきたこと……改めてチェックしてみると、気学や星風会で村田先生に教えていただいたことの実践の結果が、まさに教えや法則通りに顕現していることに気づかされ、深い納得と共に感謝の念が湧き上がってきます。

平成20年、気学の実践を開始

一連の繋がりを持って私に起こってきたこと、それは5年前（平成26年）に遡ります。順に箇条書きで挙げてみます。

・京都から愛媛への祐気転勤
・役職や収入のアップ
・恵まれた人間関係と今に繋がる新たな人脈
・京都に戻ると同時に院長職への就任
・同時に京都市桂坂への祐気引っ越し
・本来やりたかった医療の実践へ！

私が気学の実践を始めたのが平成20年。それから平成26年までにも、いくつも大きな祐気的変化を体験させていただきました（その一部は平成22年～25年の「強運を創る」に書かせていただきました）。でも、今から思えば、それはまだまだ個人的な体験に過ぎなかったのだということがよ～く分かり、と同時に、途中で放り出さずに続けてきて本当に良かった！という実感が込み上げてきます。

気学の実践を本格的に始めてから7年目の平成26年、まさに法則通り！その成果が大きく現れ始めました。それは私にとっての大きな転換点、新たなスタートの始まりでした。

それまで私は、京都の総合病院＋併設の老人保健施設で一介の医師として勤務していました。平成25年に今までの施設長が急に辞めることになり、私を施設長に！という話がありました。それはそれでとても良い話ではありましたし、気学の実践の成果がここにも！とも思ったのですが、なぜか私はその場では辞退の返事をしてしまいました。

そのことを後悔し、次に声をかけられたら引き受けようと思っていたのですが、そのうちにその話は自然消滅してしまいました。迷いから幸運を逃すという四緑の尅気かと思い、少し意気消沈してしまいました。

そんなところに、私宛に毛筆書きの一通の目を引く手紙が届きます。それは医療界ではその分野の創始者かつ最大手である、医師専門のヘッドハンティング会社（東京本社）の社長からの手紙でした。興味本位でお会いしてみますと、私のような者を求めている病院があるとのこと。マッチングといって、医師と病院、双方のニーズや適性が合う病院を紹介してくれるわけです。

その社長とはすぐに意気投合し、色々お話しているうちに、私にぴったりの病院があると言うのです。それが愛媛の四国中央市にある総合病院でした。何とそこは、本命六白の私にとってはその年（四緑中宮年）の祐気方位である南西（一白が回座）に位置していました。当然、村田先生にもご相談させていただき、ＯＫのお墨付きをいただいた上で、次元層採りの形でその病院に転勤することになったのです。

その時、一つどうしても分からなかったのが、なぜ何の大きなこともしていない全く無名の私にそんな手紙が届いたのかということでした。思い切って理由を尋ねると、その社長のところで以前に関わっていた医師がおり、その医師の推薦だと言うのです。さらによく聞いてみると、何とその医師は私の大学時代の同級生だったのです。卒業以来、彼とは一度も会ったこともないというのに、なぜ彼は私の居場所や活動を知っていたのか……それは未だに謎なのですが、ともかくそういうご縁のおかげで、私は祐気方位の病院に転勤することになったのです。

その時もそう思いましたし、今でも実感を込めてそう思うのですが、それは自分にとって大きな幸運の入り口となる転勤でした。そうなって改めて思ったのは、老人保健施設の施設長になっていなくて本当に良かった！ということです。もし施設長になっていたら…このような転勤は無理でしたし、立場が足枷となって今後の動きも非常に制限されることになっていたことでしょう。早まらなくて本当に良かった！とつくづく思いました。

まさに法則通り、気学の凄み

それにしても、このあり得ないほどの1本だけの本当に細い糸が、このご縁を繋いでくれたわけです。早速、過去の祐気採りをチェックしてみました。振り返ると、私は平成22年に東南（後天四緑、年盤七赤）ニュージーランドに2回、村田先生同行で祐気研修ツアーに行かせていただいていました。その年から4年目となる平成25年にこの話をいただき、実際に転勤となったのが、四緑中宮の年である平成26年でした。

遠方との人を介してのご縁、社会的信用…距離だけでなく、この細い糸で繋がるようなご縁と信用。これも遠方とのご縁とも言えるのだ！と発見し、施設長の話が立ち消えたのも四緑の剋気だけではなく、四緑の祐気と繋がっている象意だったのだと気づかされ、鳥肌が立ちました。まさに法則通り。嗚呼、これが気学の凄みなのか…！

さて、その愛媛の病院は、聞かされてはいたものの本当にアクティブな病院でした。愛媛の片田舎にありながら、常に本来あるべき「人を中心とした」病院の姿を目指そうとし、そのためにいつも新たな試みにチャレンジしていました。診療内容や勤務体制、地域住民との関わり方、その全てにおいて。その筋のマスメディアにも頻繁に取り上げられ、その情報を得ようと、毎月と言っていいほど全国各地の病院から見学に訪れていました。

このような時代の最先端の病院で、時代遅れの自分に一体何ができるのか。赴任早々、私はそのことを鋭く突きつけられてしまいました。それまで長きに渡って、老人保健施設という介護の世界、言わば現代医療の隙間を埋めるような仕事に携わっていたために、私は最先端の現代医療というものからは遠く離れたところにいたのです。

今までの経験を活かせば何とかなると思って来たものの、その遅れは相当なものであるとすぐに気づかされ、私は呆然としました。実力が明らかに不足していたのです。

このままでは私は絶対に皆の期待を裏切ることになり、ここでの存在価値を失ってしまう。私は自信を失い、ここに来たことを後悔し、不安と恐怖に慄きました。精神的にかなりヤバイ状態。それがしばらく続きました。

それでも何とか前を向き、とにかく追いつくように努力し続けるしかないと思えたのは、それまでの星風会での学びのおかげでありました。カウンセリングの時の村田先生の言葉が胸によぎります。「最初は苦労しますが、必ずじわり良くなります！耐えてやり抜くことです！」

そう、年盤一白での南西への次元層採りだ、ここが踏ん張りどころ！と、その言葉を支えにとにかく全力で頑張ろうと思いました。

そんな時に、本当に有難い助けをいただきました。それはやはり人を介してでした。年度半ば10月からのあまりないタイミングでの転勤でしたが、実際に行ってみるともう1人、同じタイミングで入職した医師がいたのです。私より2歳年上（本命八白の方）ですが、学年は一つ下の同じ医科大学の出身でした。すごく近くにいたはずなのに、学生時代はお互いに全く面識はありませんでした。学生時代の話も含めて盛り上がり、すぐに打ち解け合い、仲良くなりました。

彼は多少ガサツなところがあり、我を通すことも多かったため、良いも悪いもかなり目立つ感じでしたが、私とはよく気が合いました。彼の存在のおかげで私は随分と救われ、気が楽になりました。彼は専門分野以外のことに関しては無頓着でしたので、よく先輩医師からの診療面での助言を受けていましたが、それを端で見聞きしている私にとっても非常に実践的な勉強になったのです。そんな状況の中で、私もいつしかその病院の診療に馴染み、自信を持って仕事に取り組むことができるようになっていきました。

そしてちょうど1年経った時、彼はここは自分には合わないと言って、別の病院に去って行きました。

私にとっては、彼は私のために居てくれたとしか思えない天の助けのような存在でありましたが、用を果たし終えたら、ふいといなくなってしまったのです。このご縁もやはり同じく四緑の遠縁とも言えるでしょうか。

折しも、平成26年は南に八白が回り、大歳方。転勤前に、これもまた村田先生に同行し、2回オーストラリア（シドニー）への祐気研修に参加させていただいていました。その同じ年に、私を助けてくれる八白の人物とのご縁があったわけです。また出会って別れる（離合集散）のは南方九紫の象意も含まれるでしょうか。これも本当に感謝と共に鳥肌の立つような法則通りの出来事でした。

村田先生の助言通り、最初はかなり苦労はあったものの、耐えてやっているうちにじわり上向きとなり、その後は本当に順調に経過しました。病院（組織）での人間関係にも恵まれ（八白）、本当に良い環境で楽しく仕事をさせていただきました。また転勤によって給与も大幅に（約一千万円の）アップ（七赤）し、有難いことに、1年ごとに内科医長、救急部責任者と役職もいただけ（九紫）、都度、収入も上がりました。愛媛での約3年半、それまでにないほどに責任感を持って仕事をやらせていただく中で、自分の医師としての実力も、自分が望む以上につけていただけたように思います（九紫）。

このような幸運も、やはり気学の実践によって得られたものだと確信できます。これらは先に挙げました東南：ニュージーランド（後天四緑、年盤七赤）、南：オーストラリア（後天九紫、年盤八白大歳方）への祐気研修の効果に加え、私の気学実践のスタートである南西：南アフリカ（後天二黒、年盤七赤）への初めての祐気研修の効果も加わっていたことでしょう。そう、平成20年のそれから、ちょうど7年目の出来事だったのです。まさに全て気学の法則通りであったのです。

イメージが次々と意識化できた

さて、これらの有難い幸運は、それでウホウホ万歳！で終わりだったのではなく、実は、これから始まる自分の夢実現に向けての助走に過ぎないものでした。

星風会での学びの中で、私にとって特に意味があったものの一つが夢実現・目標達成のセミナーです。平成23年に行われた「夢実現・目標達成アドバンスコース」と平成27年に行われた「目標必達極意ワークショップ」は、リピーターも含めて計5回受けさせていただきました。

そのセミナー内容は、まさに目から鱗の連続でした。既成概念を叩き壊され、村田先生から目標を達成するための核心的な内容を徹底的に叩き込まれたように思います。その中で最も大事なものの一つが「最終的な目標の設定とそのイメージの定着化」であると、繰り返し教わりました。

その繰り返しの学びの中で、私の人生の最終的な目標は、最初から核となる部分は変わらないものの、セミナーを受けるごとにその内容が確実に練り込まれていき、気がつけばそのイメージがすぐにありありと意識化できるようになっていました。

後の話にも繋がりますので、その目標を簡単にお伝えしておきますと、現代医学との繋がりを持ちながら、ホメオパシーや気学や波動装置を使った治療など、要するに気や波動や意識を中心的に扱うような医療を行っていける医療の現場を作ることであり、かつ、そこは村田先生が行なっているような意識の開発を主眼としたセミナーやワークショップを行えるような場でもあります。

そして、その基礎として体の元となる水や食事やサプリについて＋体に直接働きかけるボディワークなどもちゃんと確かなものをお伝えできる場でもある。その全てが連動しながら、皆様の意識の開発や健康や幸せに繋がっていくような場…そういう場を色んな方と共同・コラボしながら、色んな場所に作っていくというのが、私の描いた（大変に大それた）目標なのです。

そのイメージが確立でき、いつも明確に呼び出すことができるようになったのは、先に述べたセミナーで繰り返し教えていただいたおかげです。

愛媛の病院に行ったのも、実はそれを思い描きながら、そのために今すべきこと＝まずそこで自分なりの現代医学の知識と技術を揺るぎないようにまとめ上げること、そして目標達成に必要な金銭的余裕をできるだけ作ること、その2つが主な目的でした。そして、それを土台に次のステップに進む。そういう計画でした。

その目的は、大変有難いことに、気学を活用することで順調に叶えることができました。いや、正直、後者はまだまだ不十分ではありますが、前者に関しては十分に満足できるものとなりました。

「あなたを院長に迎えたい」

一方で、では次にどうするのか、となりますが……実は、その具体案は全く持っていませんでした（笑）。取り敢えずは動いているうちに何らか状況が開けてくるのではないか、それに応じてやっていこう。ただ漠然とそのようにのんきに考えていたのです。

そして、何とそれが本当にやって来るとは！　それもやはり人を介してでした。愛媛の病院に移って2年が過ぎた、平成28年のある日のことです。私の親友でもあり、ホメオパシーの後輩にもあたる女性から久しぶりに連絡がありました。

それは、私を院長に迎えたいと言っている方がいるが興味はないか？という内容でした。いきなりで本当にびっくりしましたし、その方がどういう方か、どういう病院なのか、どういう意図なのかもよく分からないままではありましたが、とにかく会ってお話ししましょうということで、お会いしました。

その方は大阪で病院を経営している女性で、ホメオパシーの後輩にあたる方でした。と言っても私の方は全く面識がありませんでした。そこでお互いの目的やヴィジョンについて色々とお話ししました。すると何と驚くべきことに、彼女が持っていたビジョンは、私の持っていた前述のビジョンにほとんど一致するものだったのです。

その彼女が私を院長として迎え、一緒にそのビジョンに向かってやっていきたい！　と言ってくれている…こういう形でやって来くるのか！　まさにそういう思いでした。彼女が言うには、その何年か前のホメオパシーの国際セミナーで私が挨拶をしているのを聞いて、この人と一緒にやる！　と決めていたとのことでした。それがこのタイミングで。これもまた、1本の細い糸で繋がるようなご縁だったことが分かり、もう驚くことばかりの連続です。

そのような繋がりから、私は彼女と一緒にやっていくことを決意しました。正直に言えば、給与面のことが心配だったのですが、これも今までと同じ給与を週4日の勤務で出させていただく、という目を疑うような有難い条件の提示をいただきました。おかげで私は何の不安もなく、新しいステップに進んでいくことを決めることができたのです。

彼女は九紫の女性、病院・医療も九紫、院長も九紫……実際に院長職に就いたのが平成30年ですから、これもやはり平成26年のオーストラリアへの祐気研修（後天九紫）の効果と思われます。ちょうど4年目で、しかも九紫中宮の年でした。これもしっかり法則通りです。

さて、あとは愛媛の病院を望みのタイミングで辞められるかどうかが問題でした。院長先生からは（有難い）強い引き止めの言葉もいただきましたが、何度か話をしていく中でご理解をいただき、本当に有難いことにこちらの希望のタイミングで、周りに大きな迷惑をかけることなく、どころか応援までいただきながら辞めることが出来たのでした。

最後、新年度の2ヶ月はもう辞めることが分かっているし、有給を半月も取ることも分かっているのに給与を大幅に上げていただきました。今から思っても、私にはとっては勿体無い、本当に素晴らしい病院でした。

その流れを考えた時、すぐにあることに思い当たりました。それはその前年、平成29年の9月節（同盤月）。祐気方位・西北への自宅購入と引越し前の次元層採り開始でした。当初は全く考えてもいませんでした。

平成29年の1月、大雪の中、桂坂センターで開かれた村田先生の誕生日のお祝い。妻が参加させていただいたのですが、その際に家相セミナーを受け、家というのはすごく大事だなと思った時に、ふと引っ越しをしてはどうか！と閃いたそうです。それを後で聞いて、私もそれはいい！なぜ今までそうしようと思わなかったのか…ぜひ祐気引っ越しをしよう！　と思い立ったのです。

その年は、一白中宮で年盤では二黒が西北に回っていました。六白の私にとっては吉方位です。それまで住んでいた京田辺の家から西北、どこがいいだろうかと考えていた際、そのタイミングで妻が村田先生のカウンセリングを受ける機会がありました。

その時に西北への引っ越しを考えている旨をお伝えしたところ、それなら桂坂にしたらどうですか、と先生に言われたそうです。桂坂は村田先生もいらっしゃるし、本当に素晴らしく気の良い、とても魅力的な場所だったので、それはいい！　ぜひ桂坂にしよう！　ということで桂坂での物件を早速、探し始めました。

以後の詳細は省略しますが、いくつかあった中古物件から家相の最も良い家を村田先生に選んでいただき、速攻でその家に決めました。有難いことに特に目立った問題もなく、順調に契約・購入と進みました。そして購入のその日から、早速の次元層採り開始です。後で分かったことですが、その家の元の持ち主は、自動車販売会社の前社長（今は息子さんが社長）ということが判明し、村田先生にやはり六白ですね！とご指摘を受けたのでした。

実はこの家の購入と次元層採りは、本命六白の私にとって、生まれて初めての西北六白の祐気採りでした。ようやく本命を採れて太極を太くすることができますので、どういう結果につながって来るのかとても楽しみではありました。

先に挙げさせていただいた愛媛の病院を辞める際の幸運も、実はこの祐気採りと関係するものでしょう。

なぜなら、私のことをサポートしてくれたその病院の院長兼理事長は、私と同じく六白の方。その方からの大きなサポートが得られたのは、単なる偶然ではないことは今ならよく分かります。

そのようにして大変幸運な流れの中で愛媛への次元層採りを終え、京都に帰ってくると同時に、今の病院の院長に就任の運びとなりました。この年、平成30年は九紫中宮で西北には一白が回り、さらに大歳方の大吉方です。

もとより桂坂の家は、家族皆でのこの大吉方への引越しを目的に購入したもの。それぞれの引っ越しのタイミングも村田先生にカウンセリングしていただき、家族全員の引っ越しが無事完了しました。今までの貸家住まいから、ようやく念願の祐気方位での自宅購入と引っ越し。今後は、ここを拠点として家族それぞれの人生を新たに展開していくつもりです。

気学の実践で得た「確信」

ここに書ききれていないこと（妻や家族、ホメオパシー協会で起こった変化）も多々ありますが、大体このようなことがこの4年間に私の身の回りで起こった出来事です。改めて振り返ってみると、2年前から村田先生に教わっている「コーチング気学」の内容が身に染みて実感されます。

自分の人生の目的をしっかりと描いた上で、それに必要な気学的方法をしっかり計画的に実践していく。そして、その結果を、メタ認知能力を使って正確にフィードバックした上で、それを存分に生かして、また次に必要な気学的方法を実践していく。もちろん、そこに星風会で学んだ他のテクニック（瞑想、ORS、ユニティ、オーラ増強法、呼吸法など…）も併用していく。それを続けていけば（絶対に途中でやめないこと！）、必ず目的は成就します！　と村田先生から何度も教わりました。

まさにその通りでした！　私は、目的を描くところまではようやく可能になりましたが、まだ的確に気学的方法を選択したり、結果をフィードバックする能力は十分ではありません。ですので、都度、村田先生にカウンセリングをしていただき、それに従う形を続けてきました。そして、それを続けてくることで、本当にここまで来ることができたのです！

振り返ると、コーチング気学の内容は、平成23年の「夢実現・目標達成アドバンスコース」からすでに始まっていることに気づかされます。そして、いくつかの段階を経て、今の「コーチング気学」に繋がっています。

よく先生がおっしゃるように、私たちの段階に応じて内容を吟味・変更されて来たからでしょう。自分もようやく、ずっと思い描いてきた人生の目的が叶えられるような段階まで来させていただいたのか！　と思うと、本当に感無量になります。

ここまで続けてきて本当に良かったと思います。定期的にセミナーに出ること、そこで知識だけでなく、祐気も受け取る、そしてその時の自分に必要な刺激（Stimulus）を受け取る…そのことがどれだけ大事だったのか！　その時は分かりませんでしたが、今になって、心底実感できます。それがなければ、気学も他のことも全て中途半端で分かったつもりになり、きっと途中で止めていたでしょう。村田先生からの有形・無形の刺激は、まさに幸運へのツボのようなものでした。

今、私はもっと多くの方に、村田先生や気学や他の学びに触れていただきたいと思っています。そして、その実践も始めつつあります。それが今、自分がしたいことの主な一つであり、人生の目的の一部になっています。それが誰にとっても、自分の人生を自分で創っていくための大きなきっかけになる！ 今までの自分の経験を経て、確信を持ってそう思っているからです。


ここでは書けなかった他の大切な方々との新たな出会いもありました。これも過去の祐気採り（一白、四緑）の成果であることは間違いありません。その方々と共に、また自分の人生の目的に向かってさらに前進していきたいと思っています。

私にとって破壊と新生への刺激王、村田昌謙先生！ 出来の悪い私に、人生の創造の仕方を懲りずに繰り返し教えていただき本当に有難うございます。

これからもずっとご指導をいただきたく存じます。何卒よろしくお願いいたします。

あとがき

パリ。二月一九日午後六時三五分。あとがきを書いている。三冊目の最後の最後。読者としておつき合い下さったあなたに、心から感謝を捧げたい。二冊目の「余命3か月　がんは治る病です~西洋医学と実践哲学・気学の活用」でとりあげたが、もう一度この歌を、しみじみした思いで詠む。

としを経て　うき世の橋を　見かえれば
さてもあやうく　わたりつるかな

多分、あなたもある年齢で振り返るとき、この歌をしみじみ味わうはず。作者不詳。三冊の原稿を書くため、毎朝食後、必ず散歩に出た。小雨振り雪降る朝も。セーヌ川を渡って左岸へ行き、オペラ座近くのこのホテルに戻る。その時渡る橋が「レオポール・セダール・サンゴール橋」といい、二重の一部木製のタイコ橋。上もその下のアーチ型も歩ける。アーチ型の下の橋げたからセーヌの流れが見え、めまいをおぼえる。この橋を何十回も往復しながら、「さてもあやうく、わたりつるかな」とつぶやいた。

しかし、書いてきたように「天は復（かえ）すことを好む」し、「天道に添えば」生かしてくれることを証として、我が身に示してくれたと、小雨降るセーヌの川面で思った。

能力・体力あるあなたなら、この自然の法則の量子気学を活用して、大きく人類と世界の平和に役立つ働きができるにちがいない。

最後に、体験記をお寄せ下さり、また私宛のラインの公開を快諾された寛大な方々、まさに本書に美しい彩りを添えていただき感謝の極みと申し上げるしかない。

最初から最後まで多忙な時間の中で、3冊分もの粗雑な原稿をワード化した妻・枝美佳の集中力と持続力と愛情に敬意を表し、編集出版の労をとってくれた栗栖直樹社長に深く謝意を表したい。

パリ九区　C.ホテル58号

村田 昌謙・本名 康一

【参考文献】

「月刊 星風アカデミー」 村田昌謙編著（星風会）
「改訂新版・東洋心理学講座1巻」 小林三剛／村田昌謙著（星風会）
「象意のしおり」 村田昌謙編著（星風会）
「自己実現・誰も知らなかった法則」 村田昌謙著（文化創作出版）
「QIOLOGY〔実践東洋哲学〕風水・気学基礎資料」 村田昌謙編著（星風アカデミー）
「世界の哲学50の名著」 T・バトラー＝ボードン著（ディスカヴァー・トゥエンティワン）
「読まずに死ねない哲学名著50冊」 平原卓著（フォレスト出版）
「論語」 貝塚茂樹著（講談社）
「無意識の発見（上・下巻）」 アンリ・エレンベルガー著（弘文堂）
「あなたの強運を創る2014年からの成功法則」 村田昌謙著（星風アカデミー／エスクリエート）
「強運を創る」（シリーズ） 村田昌謙編著（星風会）
「直観力で成功する！」 村田昌謙著（毎日新聞社）
「大預言者の秘密」 高木彬光著（光文社）
「司馬遼太郎に日本人を学ぶ」 森史朗著（文藝春秋）
「免疫が挑むがんと難病」 岸本忠三／中嶋彰著（講談社）

◎星風アカデミー ＊HPやドクターむらっちブログなどをご覧ください
URL http://www.seifu-academy.co.jp
e-mail info@seifu-academy.co.jp

著者／村田 昌謙（むらた しょうけん）
Shouken Murata
心理学博士・健康科学博士・著述家（本名 康一・他に筆名 晴彦）
米国NLP協会（The Society of NLP）認定NLPトレーナーアソシエート／【財団法人生涯学習開発財団認定】米国催眠療法協会（ABH）認定ヒプノセラピスト、国際セラピートレーニング協会（ITTO）認定ヒプノセラピスト、ホノルル大学講師、IMGS（国際メンターシップ）大学院大学教授などを経て、現在は、淡江大学（Tamkang University）客員教授。米国N.Y 国際学士院大学 特別名誉会員。星風会代表。

ライフカウンセラー・鍼灸師・整体師・ユニティ・メソッド教授・ORS教授。出版・映画製作が出発点で、1972年日本映画人代表としてソ連政府に招待。意識の探求をライフワークとし、東洋哲学とニューサイエンスをベースにした能力開発を目指し、ヒプノや気学、ユニティやORS意識気功による能力開発・心身の健全化・運命の改善やヒーラーの養成に力を入れている。現在、全国ネットの星風アカデミーを主宰、各地に教室を開く。2003年度社会文化功労賞受賞、2004年度ニューヨーク（財）国際学士院大学よりフェロー称号授与。著書に「自己実現～誰も知らなかった方法」（文化創作出版）「あなたの願いが必ずかなう法則」「直観力で成功する!」（毎日新聞社）など多数。

実例と成功気学の効用
人生を左右する実践哲学・気学とは

2019年3月31日　初版第1刷発行

著　者　村田昌謙
発行人　栗栖直樹
企　画　星風アカデミー
発行所　株式会社エスクリエート
〒170-0013 東京都豊島区東池袋4-18-7 サンフラットプラザー203
TEL：03-6914-3906
発　売　株式会社メディアパル
〒162-8710　東京都新宿区東五軒町6-24
TEL：03-5261-1171
印刷所　株式会社原色美術印刷社

ISBN978-4-8021-3147-6　C0036